AF367823

Héctor Asensio

CUENTOS CANALLÍSIMOS

Cuentos Canallísimos

11 CUENTOS DE ESPERANZA Y DESESPERACIÓN Y UN PRÓLOGO REALISTA

HÉCTOR ASENSIO FIGUEROLA

bubok
EDITORIAL

A Oye, mi fiel compañera. Por mucho que lo penséis,
el éxito en la vida solo depende del acierto en encontrar
al mejor compañero de viaje

Índice

PRÓLOGO
Respirar por la herida

Es práctica muy recomendable descubrir lo antes posible de qué pie cojea el gladiador con el que va uno a batirse el cobre. Y es fácil equivocarse por lo intrincado que resulta el trabajo de encontrar el verdadero gen definitorio del talante de la gente. La autodefinición siempre será subjetiva por muy «objeto» que pretenda uno ser; y, a la espera de un cuestionario definitivo, el «por sus obras les conoceréis» será siempre el mejor termómetro para medir fiebres y distorsiones mentales. Yo, tratándose ahora de proponer un texto, prefiero lo de «el que escribe se proscribe» y, para facilitar las cosas, aporto este prólogo de mis *Cuentos canallísimos* a modo de premisa mayor para una aproximación al conocimiento de mis aberraciones cerebrales. Un prólogo que he titulado «Respirar por la herida» en el que incluiré más adelante una cláusula transaccional.

El profesor Marina —admirado maestro José Antonio Marina— habrá encontrado los capilares entre el resentimiento, la resignación y la cobardía, con más acierto y ciencia que el que pretendo con mi enfoque basado en una disyuntiva de lo más simple y que anticipa una característica de mi condición binaria: lo loable versus lo no loable. Qué le voy a hacer si soy maniqueo porque el mundo me hizo así. Tengo mis dudas de que lo loable sea una actitud suficientemente extendida, a diferencia de lo no loable, sobre lo que no tengo ninguna: se extiende vigorosamente impulsada por la envidia y su gran estupidez asociada de «que no hay nadie más que nadie», que denunciase mi admirado profesor hace años calificándolo de gran majadería del milenio junto a la no menor estupidez de que «todas las ideas son respetables». Si resulta ser lo mismo ser que no ser, esto no funciona.

Y una precisión antes de adentrarnos en el asunto mollar para que no existan dudas: creo más en una historia del mundo basada en las luchas entre tribus que entre razas. ¿Y por qué la precisión? Porque mis incondicionales amigos, a los que hago leer mis historias, me han sugerido que cambie el título *Cuentos canallísimos* por el de Mi lucha, lo que prueba que mis incondicionales tienen una mala leche infinita. Y explico la precisión. Dado que, aunque con algunas impresentables excepciones, el tiempo ha hecho posible la coexistencia de razas dentro de la misma tribu y viceversa, tuve que pensar en otro elemento para justificar la sempiterna discordia entre los seres sociables por excelencia y lo encontré en «la clase». No es apología de la filosofía de Karl Marx, o al menos no era mi intención, sino la aceptación de un principio físico que viene a decir que sin diferencias esto no anda. Diferencia entre el más y el menos; entre el positivo y el negativo; entre el yin y el yang; entre el norte y el sur; y, hablando de seres humanos supuestamente inteligentes, habrá que centrarse en las diferencias entre los que tienen y los que no tienen «insumos de curso legal», para entendernos. *«Money makes the world go around»*, inolvidables Liza Minelli y Joel Grey en *Cabaret*.

Sin diferencia de potencial no hay fuerza electromotriz. La utilidad de una pila depende de la diferencia de voltaje entre sus bornes y está demostrado que, cuando existe una gran diferencia entre bornes próximos, salta un chispazo y la pila y sus alrededores se carbonizan. Si el mundo se hace cada vez más pequeño, a la vez que crecen las diferencias pronto acabaremos todos carbonizados. Y concluida la precisión veamos la cláusula transaccional anunciada: si a uno le vuelan la nariz de un sopapo, ¿qué le queda? Una herida, ¿no? Pues entonces lo de respirar por la herida no es algo tan excepcional sino todo lo contrario.

Refiriéndonos a heridas habrá que dedicar algunas palabras al resentimiento y a la resignación como respuestas propias dentro de las coordenadas de lo «políticamente correcto». Tanto el resentimiento como la resignación reclaman árnica para apaciguar la sed de justicia por el agravio sufrido, pero solo podremos limitarnos a respirar por la herida en aras de la paz social que una reciente encuesta entre jóvenes se materializó con una aspiración verdaderamente novedosa: la juventud propone cambios radicales pero sin revolución.

Leí hace tiempo que el hombre que profirió un grito por primera vez inventó la civilización. Antes, cuando el hombre era coherente de verdad, pisar la sombra del prójimo tenía el inconveniente de que el prójimo te abría el cráneo en cuatro trozos con un certero y recio estacazo de advertencia. Hoy las cosas han cambiado una barbaridad y nos encontramos con actitudes tan denigrantes e innobles como mostrar las heridas. Eso es indigno y lo honroso es que sea otro quien haga valer tus méritos. El ejército lo soluciona con medallas y distintivos que se exhiben sin pudor los domingos y fiestas patronales, pero en la vida civil hay que esperar a la benevolencia de un obituario para que alguien recuerde que gracias a tu pundonor y sacrificio se salvó la galaxia de un cataclismo.

Y ya he ligado héroe con herida, que es lo que pretendía con el circunloquio. ¿Habrá alguna relación? No lo sé, pero ahí queda por si alguien se atreve a disertar sobre heridas infligidas y sufridas y sus actores asociados: vencedores y asesinos respectivamente; y de paso investigar si constituye alguna heroicidad respirar por la herida.

Reconozcamos que los resentimientos públicos tienen muy mal cartel; y al mismo tiempo, admitamos que los privados dejan de serlo cuando la reacción irracionalmente desproporcionada del resentido decide cobrarse la deuda pendiente y se lleva por delante a tirios, troyanos y unos cuantos colaterales que pasaban por allí. Afortunadamente, al respirar por la herida se absorben elementos balsámicos que apaciguan la belicosa inquietud derivada de la sed de justicia. Todo sea a mayor gloria de la paz social y su gran aliado, lo «políticamente correcto», verdadero artífice del abandono de la recia estaca como compensadora de injustos desequilibrios.

Pero no quiero dejarme nada en la recámara. No sería honesto evitar la opinión que me merece esta actitud a medio camino entre el postulado cristiano de poner la otra mejilla y el más extremo estoicismo de ignorar e incluso rechazar cualquier cosa que se pueda morir. «Te perdono porque no sabes lo que haces» es de gente muy fuerte; de superhumanos en vías de extensión o de acomodaticios sin sangre en las venas que huyen del enfrentamiento por aquello tan actual y civilizado de «qué necesidad tengo yo de llevarme un disgusto».

«No puedo hacer otra cosa… —me decía un buen amigo— me tocó ser cordero y sólo puedo aspirar a que alguna vez un lobo se ponga de mi lado y le arranque la cabeza a mi enemigo.»

«Contemplando las cenizas de tu casa de poco sirve preguntarte por las causas del incendio», se decía un anciano ante una situación catastrófica de verdad de la que fui testigo. Hacen falta algunas heridas en el alma para asimilar el pensamiento del pacífico cordero y la reflexión del desesperado abuelo.

Y vuelvo a lo poco elegante y distinguido que es lo de llevarse un disgusto. No es de caballeros, diría Oscar Wilde. «Buscad soluciones y no responsables», se decía hace algunos años cuando la vida padre durante los días de vino y rosas y cuando, efectivamente, llevarse un disgusto era de inadaptados o desleales.

Pero llegaron las vacas flacas y se acabó el mundo feliz. Los epsilones, que se habían creído alfas, volvieron a su estado natural pero ahora cargando con el peso de unas deudas que van a hipotecar su vida y la de sus hijos. En otras palabras: les soltaron un sopapo y les volaron la nariz. Y ahora a respirar por la herida mientras contemplan las cenizas humeantes de lo que queda de su hacienda sin atreverse a denunciar en alto a ningún responsable de su caída a los infiernos. Y no será porque no hubo nadie que advirtiera de la que se nos venía encima. Tanto analfabeto paseándose en coches de lujo debía acarrear efectos secundarios. ¿Cuántas veces habremos oído lo de los «felices años veinte»? ¿Y cuántas veces cómo acabó la fiesta? La ruina de 1929 y unos años treinta de lo más execrables.

¡Qué verdad es que nadie escarmienta en cabeza ajena! ¿No había nadie en los felices años dos mil que parara el circo? ¡Ah, ya; no era «políticamente correcto»! «¿Quién retira el champán en mitad de la fiesta?», se preguntaban cínicamente algunos próceres. Pero llegaron las vacas flacas y se acabó el mundo feliz aunque afortunadamente sobrevivió el mundo de lo «políticamente correcto» de los cambios radicales sin revolución. ¡Ay, los felices años dos mil! ¡Ay, mi burbuja!

«Nos han llevado al huerto», oí decir a una ciudadana griega de la cofradía de los desnarigados. ¡Al huerto de los olivos!, que, como todo el mundo sabe, es la instancia previa al monte calvario, actualmente conocido como monte de piedad donde sicólogos y siquiatras a plena actividad tratan las depresiones y desesperaciones de los confiados epsilones —y algún que otro beta con aspiraciones—, mientras los alfas, como siempre, sujetándose la risa floja desde la cumbre contemplan el espectáculo de un millón de alevines de épsilon diseminados por el mundo luchando por mantener las narices en su sitio. ¿Cómo no va a salir uno a la calle en plan canalla de la muerte? Querido lector, estoy más cabreado que una mona. Ya estás en antecedentes.

Ampurias, julio del 2015

El testamento del monstruo

A primera hora le han bajado al quirófano. Tal como me han puesto las cosas no creo que vuelva a verle pero difícilmente podré olvidarle. Sólo he pasado junto a él dos días —más exactamente dos noches— y aún no me he repuesto de la confusión en la que me ha sumido la personalidad de este anciano.

Vaya por delante que cada vez tengo menos cosas claras —debe ser la señal de que me estoy haciendo viejo—; hace tiempo que descubrí que las canas no significan necesariamente saber. Sin ser una persona religiosa creo entender el significado del sufrimiento al que aluden los católicos con su «valle de lágrimas» y al que los budistas ponen remedio a base de sabiduría. Supongo que esto es lo que me ha llevado al convencimiento de que, más que los años que has vivido, lo que te lleva al venerable plus de respeto que suelen inspirar las arrugas es la batalla contra la ignorancia que has librado mientras acababas oxidado del todo.

Cuando llegué lo encontré a solas en la habitación, sentado en su butaca, escribiendo en un cuaderno enorme. Pulcramente aseado a las ocho de la mañana, me saludó, se presentó y esperó a que se fuera la enfermera para preguntarme si prefería hablar o descansar y tranquilizarme. Yo estaba tranquilo; mi ingreso estaba programado y, como habitual a los cateterismos, sabía que inmediatamente iban a comenzar las pruebas protocolarias del ingreso: temperatura, tensión, electro, peso y rasura. Él también lo sabía y por eso desapareció de la habitación y no volvió hasta una hora después con el ruido y el trajín de las bandejas del desayuno.

Las enfermeras que me atendieron me adelantaron algo sobre mi compañero de habitación: era también un buen «cliente» del hospital; una persona muy correcta, inteligente; un amante del silencio que pasaba la mayor parte del día en una pequeña biblioteca en la planta superior leyendo y escribiendo. Un anciano muy cordial que nunca tuvo visitas del exterior. Nunca.

Estaba en pijama a la espera de que me llevaran a la unidad de hemodinámica cuando me avisaron de que se había suspendido mi intervención y que se retrasaría al menos doce horas; y no fue el único aplazamiento.

Después de desayunar desapareció otra vez y no volvió hasta la hora de comer, cuando no intercambiamos más que alguna que otra palabra sobre su menú. Después de ver las noticias en la televisión volvió a marcharse y no regresó hasta la hora de la cena. Y, efectivamente, después de cenar —esta vez sí me pusieron bandeja— tuvo a bien compartir un garbeo por los pasillos.

—La cena, siempre paseada; aunque sea un sucedáneo de cena —me dijo al paso de una de las auxiliares que se ocupaban de recoger las bandejas con evidente intención de incordiarla un poco.

Se había informado de las razones de mi hospitalización y en ningún momento le dio importancia, y, de igual modo, cuando me interesé por su situación clínica lo despachó con un lacónico «páncreas traidor a la causa». Paseamos durante una hora antes de volver a la habitación porque él quería ver las noticias. Yo esperaba que después desapareciera pero no fue así. Me preguntó si tenía algún interés en ver algo en la televisión y de común acuerdo decidimos apagarla. Yo no sabía cómo reanudar la tertulia y esperaba que fuera él quien comenzara a preguntarme sobre mi vida y milagros.

—¿Tienes hijos? —me preguntó rompiendo el silencio.

—No, soy soltero.

Me miró con un gesto que pude interpretar como que me reconocía algún mérito por el hecho de ser soltero.

—¿Y usted? —le pregunté con el alma en vilo al recordar que nadie iba a visitarle nunca.

—Tampoco. No tengo hijos.

No se me ocurrió preguntarle si era también soltero y aún no sé por qué no lo hice. Inconscientemente entendí que no debía preguntarle y creo que fue el tono de rabia y amargura de su respuesta lo que me detuvo. A las cinco de la madrugada decidimos levantar la sesión y cuando desperté a las nueve de la mañana con el tintineo de platos, tazas y vasos de los desayunos, se había marchado. Me di cuenta de que si me servían el desayuno era porque tampoco me iban a intervenir aquella mañana y, efectivamente, se repitió la jornada exactamente igual que la anterior.

Sospecho que fue la novela que cogí de la biblioteca lo que le llevó a hacerme aquella inesperada pregunta con la que reanudamos la tertulia a las diez de la noche. Apenas había leído diez páginas de *Crimen y castigo* cuando irrumpió con voz profunda desde su cama:

—¿Tú crees que sirve de algo arrepentirse?

Me pilló de improviso. Nunca me habían preguntado nada con tanta trastienda. Él continuaba hojeando su cuaderno con aire de despreocupación como si no esperara ninguna respuesta. Unos segundos después moduló la pregunta:

—¿Tú crees que a alguien le importa que alguien se arrepienta de algo?

Esta tenía más enjundia y aunque parecía más un galimatías creo que supe encontrar una respuesta fácil que tampoco me comprometía demasiado:

—Supongo que habrá alguien para quien sea importante que le pidan perdón.

Me miró con escepticismo y negó con la cabeza al tiempo que cerraba su cuaderno y lo dejaba sobre la mesilla. Se quedó pensativo un instante con la mirada perdida como tratando de encontrar alguna réplica adecuada a mi capacidad intelectual pero desistió. Sonrió resignado antes de darme la espalda y afirmó con ironía:

—Sí; supongo que habrá gente así.

Definitivamente, no habíamos encontrado el plano de igualdad necesario para el diálogo. Faltaba un eslabón de sincronía que nunca me hubiera imaginado iría a producirse de aquella manera tan abrupta minutos después:

—¿Sabes que me estoy muriendo? —me espetó la pregunta como si me estuviera acusando de su desgracia. Yo sabía que su situación era más que crítica pero soltarme aquella especie de confesión y de aquella forma me dejó paralizado.

—Sí —contesté al momento, tratando de transmitir convicción—, sé que va a pasar por el quirófano para una operación arriesgada pero eso no significa que…

—No te esfuerces en darme ánimos, hijo —me interrumpió—. No lo necesito. Pero gracias.

Me resultaba tan insultante e incomprensible su aire de superioridad que sólo podía justificar el alarde de sangre fría como una postura para disimular su pánico al quirófano.

—Si estuvieras en mi situación, ¿qué harías? —volvió a

preguntar al verme confuso—. Piénsalo antes de contestar. ¿Qué harías si supieras que te queda, por ejemplo, un año de vida?

—Creo que sí: trataría de hacer algo que…

—Entiendo —no me dejó explicar—; hacer lo que nunca te atreviste a hacer. Eso tiene algo de remordimiento o de desagravio.

—Bien, de acuerdo, dejémoslo en remordimiento —acepté a regañadientes—. ¿No le parece bien rectificar un error?

Me miró con ojos de incredulidad mientras asentía con la cabeza hasta que se decidió a hablar con una voz que, por primera vez, no me parecía proceder del Olimpo:

—Te envidio si realmente piensas así y quizá tengas razón. Tengo demasiados años y demasiadas heridas. A estas alturas de mi vida confesar remordimientos resulta inmoral. Pero creo que el mayor pecado es no saber valorar lo que realmente tiene importancia y que suele ser lo que tienes a tu alcance.

—¿Y no cree que alguien podría beneficiarse de su experiencia y no caer en los mismos errores? —pregunté convencido de haberle ganado la baza.

—Nadie escarmienta en cabeza ajena —sentenció con amargura.

—¿Está seguro? —dudaba yo también del refranero.

—Sí. Estoy seguro.

Se dio media vuelta y se durmió. Esta mañana, antes de bajarle al quirófano, hemos hablado un momento:

—Venga, hombre; que es usted duro de roer y nos quedan cosas por aclarar. Le espero aquí. No me falle.

Parecía que iba a decirme algo pero no. Extendió la mano desde la camilla despidiéndose, y cuando le estaban sacando de la habitación, me dijo:

—En el cajón de mi armario están mis cosas y un cuaderno en el que he escrito mis historias. Si no vuelvo, quédatelo. Tienes razón y quizás a alguien le sirva para no tropezar en las mismas piedras… aunque no es probable.

Habían pasado casi seis horas desde que lo bajaron cuando se presentó una enfermera acompañada de un hombre de aproximadamente mi edad que, tras saludarme cortésmente, se identificó como el hijo de mi compañero de habitación y recogió las pertenencias de su armario.

—Este cuaderno es también de su padre —le dije cuando se despedía—. Me ha dado su autorización para leerlo pero si se lo quiere llevar…

—Quédese con él; a nadie le importa —contestó secamente sin mirarlo, y añadió despectivamente—: Será su testamento.

—¿Su padre ha…? —le pregunté temiendo lo peor.

—¿Muerto? Hace años que murió.

No me he repuesto aún. Sin darme cuenta abrí el cuaderno por la última página. Había escrito una frase: «¿A alguien le importa que alguien se arrepienta de algo?». Otra vez el galimatías que quizá tuviera algún sentido para su hijo.

Ya lo dijo alguien antes: «Más que los años que te quedan por vivir, lo importante es la vida que pongas en ellos».

EL TÍO TORIBIO

El tío Toribio se despidió de este mundo a falta de una respuesta. Una respuesta a la gran pregunta que cualquier hombre de bien estaría obligado a formular aunque fuera una vez en su vida. Lo normal es que uno se vaya de este mundo guardando un secreto; o soltando una mentira para organizar un infierno entre tus deudos por la cosa de perpetuar las sagradas costumbres de la especie. Pero hacer una pregunta cuando ya estás en el camino sin retorno al valle de Josafat es la manera más sencilla de que te cuenten un piadoso cuento chino y pases la eternidad convencido de que lavaste más blanco que nadie.

Yo estaba en la habitación del hospital acompañando a tía Lucy —hermana de mi madre y también octogenaria—, más que velando los últimos momentos del cafre de su marido, el tío Toribio, al que ella amaba hasta la locura. Pasábamos las horas en silencio releyendo la montaña de revistas que se habían acumulado tras varios meses esperando el desenlace de una vida tan impresentable como nociva para la biosfera, a juicio de toda la tribu, aunque, efectivamente, nadie quiso firmar una «declaración institucional» de reprobación y otra de destierro que intenté varias veces sin ningún éxito para deshacernos de semejante energúmeno.

Por si no ha quedado claro, el tío Toribio y yo no hacíamos buenas migas. Nos ignorábamos mutuamente. Pero fui el único de los diez sobrinos que tuvo estómago para acompañarle en sus últimos momentos aunque, como he dicho, más por hacer compañía a la apasionada tía Lucy, que no estaba ni para trotes ni para cilicios. Nadie quiso acompañarla a ningún sitio en el que hubiera de compartirse el aire con el australopiteco de su marido, ni siquiera con el aliciente de llegar a ser testigo de su deseada partida hacia la otra dimensión.

Sedado la mayor parte del tiempo, de vez en cuando preguntaba algo que solo tía Lucy entendía y entonces le susurraba al oído sobre sus inquietudes climatológicas y cronológicas: «Hace buen día», «son las ocho», «está anocheciendo». Se volvía a dormir y a mí me llevaban los diablos. Con todo lo que uno podría preguntar como última voluntad, y «la inteligencia preclara» preocupada por si llovía o nevaba o si era de día o de noche. Me puso de los nervios hasta en su último suspiro. No era posible ser más simple.

Pero aquella vez yo estuve bajo de defensas y sentí la necesidad de tratar de entenderle; tía Lucy no estaba en la habitación porque había salido al pasillo a hablar con alguien y me brotó la vena de buen samaritano. Me acerqué a la cabecera de la cama esperando a que repitiera la pregunta que no entendí a la primera por estar yo entretenido en la lectura de una revista que contaba la vida apasionante del inútil del mes en su apartamento de Malibú. Al cabo de unos segundos preguntó: «Lucía, ¿cuándo descubriste que soy un gilipollas?». No tuvo su respuesta porque, ya digo, estaba yo bajo de calorías y no me dio tiempo a montarle el pollo urbi et orbi pre mortem que tenía pensado. Suspiró de forma estridente —más bien bramó como un bisonte— y pasó a tomar parte del más desagradable recuerdo a olvidar lo antes posible, y juro que esto es lo último que voy a escribir sobre él.

Momentos después volvió tía Lucy, que se encontró con la viudedad recién inaugurada.

—¿Ha dicho algo? —se interesó por el postrer pensamiento de su adorado Toribio.

—No —mentí porque entendí que eso era lo más samaritano.

—¡No me mientas! —me amenazó tía Lucy.

Entonces se lo dije y ella exclamó orgullosa:

—¡Ese es mi Toribio!

—¡Era! —le aclaré.

—Eso, era —admitió ella recogiendo rápidamente las revistas.

—¿Y cuándo fue? —pregunté por cortesía.

—¿Cuándo supe que es gilipollas?

—Era, tía, era; ahora ya ni eso.

—¿No tienes un poco de respeto por el moribundo? —me reprochó ella con la mirada fijada en la fotografía a todo color del inútil del año que aparecía en la portada de una revista mostrando su mansión en Malibú.

—Tía, no está moribundo, está en *off* definitivamente, a mayor gloria del género humano.

—Peor aún, ¿no tienes respeto por un difunto?

—En absoluto; lleva ochenta años de retraso, que se dé con un canto en los cuernos.

—¡Cómo eres! ¡No respetas ni lo más sagrado!

—Tía, el respeto hay que ganárselo cada día y es mentira eso de que las canas dignifiquen.

—No te falta razón, hay mucho viejo cerril por el mundo.

—Con el Imserso y la televisión no hay más que momioflautas circulando libremente por la calle sin que nadie les ajusticie.

—Así es, sobrino: ¡tiempos modernos!

—Sí, se acabaron los gloriosos tiempos… del cuplé.

—¡Pues sí! ¡Y no te burles! ¡Los gloriosos tiempos del cuplé! ¡Los tiempos en que llamábamos a los viejos en demanda de consejo! ¿Nunca has oído a hablar del consejo de ancianos? Hubo un tiempo en que los viejos pintaban algo.

—¡Vaya, hombre! ¿Aún queréis pintar más?

—¿Qué pintamos? Todavía no me he enterado.

—¡Votáis cada cuatro años! ¿Qué más queréis?

—Ya, no me repitas lo del voto geriátrico y el suicidio social; siempre estás igual; si por ti fuera tendríamos eutanasia con carácter retroactivo.

—Pues es una idea. Venga, vete a casa y ya sigo yo con el numeri...

—¡No lo digas! ¡Es de mal gusto! Tendrás que avisar a todos.

—Será un placer, pero te advierto que alguno me ha pagado por no avisar. Vete a casa y descansa; mañana será otro día.

—No me fío de ti. Me juraste que lo enterrarías.

—Sí, nada de asarle ni tirarle al río, no te preocupes. Aunque de las cenizas también se renace. Yo creo que eres poco creyente en la resurrección de la carne y la vida perdurable.

—¿A ti nunca te ha intrigado?

—¿Lo de la vida eterna? ¡Menudo tostón!

—No, bobo, lo de si eres o no consciente de ser gilipollas.

—No, tía, en eso no tengo ninguna duda: un hombre es gilipollas en cuanto se enamora; antes sólo es imbécil.

Tía Lucy me miró con un gesto extraño y con un intenso brillo en los ojos añadió:

—¡Pues ahora que lo dices, me voy! ¡Y entiérralo bien o me vas a oír!

—No te preocupes, lo enterraré bien hondo, se lo he prometido a todos.

La dama de las piedras

La primera vez que oí hablar de Rubén Shultz yo aún estaba en el colegio. Fue en mi casa; recuerdo que mi padre nos contó durante la cena algo sobre un hombre inmensamente rico que acababa de aparecer por la televisión anunciando una millonaria donación para la construcción de un hospital en África.

—¿Cómo puede uno acabar siendo inmensamente rico? —le pregunté a mi madre.

Y mi padre contestó con una sentencia que repetía a menudo, cargada de ironía y reproche:

—¡Porque Dios no tiene medida del equilibrio!

Y se echaba a reír ante la reacción de mi madre, molesta por aquel comentario que siempre consideró «una grave ofensa al Señor».

Tiempo después supe que la fortuna de Rubén Shultz tenía su origen en los diamantes y que la sede central de su negocio estaba en Amberes donde, además del buque insignia de su «flota» de joyerías, poseía un museo dedicado en exclusiva a los minerales preciosos y una escuela de la que salieron los mejores tallistas y especialistas en gemas de los últimos cincuenta años, desplegándose por todo el mundo a la par que lo hacía la marca Diamantes Shultz. Y tuve que investigar a conciencia sobre su negocio porque fue el primer trabajo que me encargaron cuando comencé a trabajar como periodista. Debía dar la talla para ganarme el empleo y, efectivamente, mi primer trabajo fue entrevistar al hombre que durante años figuraba en las primeras posiciones en las listas de las personas más ricas e influyentes del planeta; un declarado mecenas que patrocinaba de manera impulsiva hasta bandas de rock duro y un absoluto defensor de su intimidad: nunca concedió una entrevista a nadie. Un perfil «peligrosamente complicado», como así me lo definió el director del periódico, supongo que para interesarme y aplicarme en la disección de aquel personaje. Yo no estaba preparado y solicité que me acompañara alguien con más oficio o, directamente, que se encargara otro, pero la respuesta fue aún más tajante:

—Ha sido el señor Shultz —me aclaró mi jefe— el que ha impuesto la premisa: «Tendrá que ser un periodista de nuevo cuño».

Tenía miedo. Sin ninguna experiencia, mi debut, el mismo día que cumplí veinticuatro años, fue una entrevista a un magnate que no había concedido ninguna jamás. Tuve que viajar a París donde me citó en su casa, una auténtica mansión como las que tenía repartidas por todo el mundo y que —era de dominio público— constituía también parte de su increíble patrimonio. Dos días antes estuve merodeando por los alrededores del palacete, consulté en las hemerotecas y necesité un par de incursiones en la joyería más importante que tenía en la capital, un soberbio edificio de cuatro plantas enfrente del Louvre; mi intención era descubrir alguna faceta menos «industrial». Por supuesto, en la joyería no me identifiqué como periodista, sino como un apasionado Romeo que quería homenajear a su amada con un diamante que no fuera muy caro. Bastó con mostrarme admirado por el esplendor del establecimiento para encontrar una inmejorable disposición por parte de los empleados para expresarse con verdadero fervor sobre la firma Shultz.

Pretendía adentrarme más entre las bambalinas de la deslumbrante joyería y encontrar algo que después pudiera contrastar en la entrevista. Quería desmitificar la impresión que estaba sacando del testimonio de aquellos incondicionales del «jefe Rubén», como así le llamaban cuando se referían al señor Shultz. En la planta más alta de la joyería, donde se exhibían los diseños exclusivos en la historia de la firma con fotografías de insignes y famosas damas luciendo sus relumbrantes y carísimos adornos, destacaba un gran póster a todo color que cubría parte de una pared en la que figuraban retratados sonrientes los empleados del establecimiento junto al también ufano «jefe Rubén», todos luciendo diferentes tipos de enjoyados teléfonos móviles. Me sorprendió la fotografía y me lo aclaró el gerente:

—Es un anuncio, no hay que negarlo, pero hay un mensaje de uso interno. Todos tenemos el número directo del jefe. Cualquier trabajador de Shultz en cualquier parte del mundo tiene acceso directo al jefe, y el jefe nos llama a cada uno de nosotros al menos una vez al año para felicitarnos en nuestro cumpleaños y para saber si todo va bien. Ese es el mensaje que nos quiere dar con ese gesto: «Estoy cerca».

Por fin llegó el día del encuentro esperado. Puntual y nervioso llamé al interfono de la enorme puerta; una verja que debía pesar dos toneladas y que se abrió solemnemente para permitirme que recorriera un camino de unos cien metros enlosado con brillantes lanchas de pizarra que contrastaban con un cuidadísimo césped que llegaba hasta el pie de una amplia escalera de piedra. Fui contando inconscientemente sus diez escalones conforme los pisaba. En la puerta me esperaba un extraño mayordomo en absoluto acorde con la majestuosidad del edificio. Un tipo a medio camino entre director de orquesta y capitán de yate; risueño, de sonrisa contagiosa, y empeñado desde el primer momento en demostrar que era un mago con los naipes. En los pocos minutos que tardó el señor Shultz en aparecer tuvo tiempo de hacerme varios juegos con la baraja que efectivamente me sorprendieron. Soltaba sonoras carcajadas ante mi cara de estupor y es que nunca antes había visto tan de cerca cómo las cartas se «movían» de sitio.

Rubén Shultz tenía recién cumplidos los ochenta años, hechuras de atleta y una melena plateada y alborotada al estilo de Albert Einstein. Me recibió en un despacho que más parecía un invernadero por la cantidad de plantas y la luz natural que entraba por dos enormes ventanales. Solo un cuadro adornando la única pared que no era de cristal: un curioso retrato de una mujer de edad incierta con el rostro extrañamente difuminado que inconscientemente te obligaba a fijar la atención tratando de reconocer en ella a algún personaje conocido. Por prudencia desvié la mirada del cuadro pero el anfitrión ya había advertido que me había interesado aquella pintura, en apariencia inacabada, y se limitó a sonreír mientras me invitaba a acomodarme en un sillón y el mayordomo de los naipes desaparecía después de dejar sobre una pequeña mesa una jarra con agua y varias copas de cristal tallado con las siglas «RS».

—¡Felicidades! —fue lo primero que dijo al estrecharme la mano y yo respondí con un gesto de perplejidad. Me aclaró que pidió referencias sobre mí para asegurar que cumplían con las condiciones que fijó para conceder la entrevista a mi periódico y me mostró el dossier que le habían facilitado con mi fotografía y una fotocopia de mi cédula de identificación. Me inquietaron tantas precauciones. No podía esperar aquel alarde de desconfianza proveniente de un hombre en esencia generoso y solidario: su felicitación me pareció entonces una demostración de superioridad.

—Es normal —dijo justificándose—. Usted sabe perfectamente cuándo nací yo. ¿No es normal que yo conozca su edad?

Le sonreí resignado por la simplicidad de su argumento y abrí mi cuaderno de notas dispuesto a comenzar la entrevista sin más preámbulos.

—¿No va a grabar la conversación? —me sonó a reproche.

El libro de estilo marca con claridad que nunca se proponga grabar la entrevista en un primer momento. Hay que esperar a que el fragor de la conversación así lo aconseje y siempre pidiendo autorización. Lo tenía muy presente porque, además de que fue la seria advertencia que me repitió el jefe de redacción hasta aburrirse, el dominante tono de voz de Rubén Shultz me intimidaba. Pero accedía a grabar la entrevista y eso me facilitaba mucho las cosas aunque, en aplicación del protocolo, le indiqué que pararía la grabadora cuando él quisiera y asintió complacido. Tenía escrito el orden y las grandes líneas a desarrollar sobre su biografía de forma que resultara más ameno y cómodo para él, y después, en el periódico, le daríamos la forma definitiva al artículo. Iba a conectar la grabadora cuando me hizo un gesto para que no lo hiciera, y sonriendo preguntó:

—¿Tiene prisa? Yo no tengo ninguna. Podemos hablar hasta mañana si quiere, y si tiene sueño le puedo ofrecer alojamiento; puedo ordenar que traigan sus cosas del hotel donde se hospeda.

Entonces pensé que aquello era un exagerado alarde de poder y me sentí más que incómodo ante la personificación de la arrogancia. Le noté cierto gesto de contrariedad cuando se incorporó de su asiento y sirvió dos copas de agua, las puso sobre la pequeña mesa entre los sillones y tras dar un sorbo sonrió de nuevo con un insufrible aire de superioridad y añadió:

—¿Qué opina de los secretos que se van a la tumba? Es peligroso opinar sobre lo que se sospecha, ¿verdad? ¿Tiene usted algún secreto ya?

Parecía que no iba a parar de hacer preguntas cuando miró al cuadro y apretó los labios con un gesto indescifrable. Me señaló la grabadora y cuando la puse en funcionamiento me espetó:

—¿Qué sabe usted de diamantes?

—Que están en los escaparates de las joyerías y que valen mucho dinero.

—¿Y nada más?

—Bueno, y que «un diamante es para siempre» —le recordé el eslogan clásico.

—Sí, y «siempre» es mucho tiempo. ¿Tiene idea de cuándo se formaron los diamantes? Entre mil y tres mil millones de años; efectivamente eso deber ser «siempre». Carbón sometido a altísima presión y a mil grados de temperatura hacen el milagro. Hace tres mil años que los diamantes fueron conocidos en la India. La mayoría de los más famoso diamantes proceden de allí salvo el Cullinan, ¿nunca oyó hablar del Cullinan?

—Supongo que tendré que ponerme al corriente de muchas cosas, señor Shultz.

—Y no lo lamentará. La historia de los diez diamantes más famosos es un verdadero repaso a la historia. Guerras, robos, maldiciones, regalos fastuosos, campesinos de fortuna, misteriosas desapariciones, princesas caprichosas, príncipes enamorados, mercadeos indecentes, gobernantes sin escrúpulos en búsqueda de un trofeo. Y después de dos mil años de... civilización, ha sido necesario un consejo mundial para evitar que los diamantes sirvan para financiar guerras y barbaries. Eso es lo trágico de un diamante.

—Y sobre todos ellos, el Cullinan, ¿no?

—Sí; peso, talla, color y pureza, son las características que le dan valor a un diamante, y el Cullinan las reúne todas de forma insuperable. Se encontró en Sudáfrica. Es el mayor conocido hasta hoy: seiscientos gramos. Fue troceado y sus trozos están engarzados en las joyas de la corona británica. Muchos de los grandes diamantes fueron troceados también a lo largo de la historia para disfrazar su origen y se engarzaron en cetros, coronas, diademas, anillos, pendientes, pulseras y en la empuñadura de la espada de Napoleón. Y los que no han desaparecido aparecen de vez en cuando en las salas de subastas. Es también el largo camino de los ojos de alguna divinidad india que acabó colgado del cuello de alguna rica heredera o en el de alguna *prima donna*.

—Perdone pero no acabo de… parece que no comparte el destino de los diamantes, ¿para qué otra cosa podrían servir?

—Sí, para adornar a una dama. Pero también me interesa todo lo que ocurre en el camino desde que brota del suelo hasta que acaba donde usted dice: en el escaparate de una joyería. ¿Sabe usted qué es un lapidario?

—Supongo que alguien que hace lápidas, ¿no?

—Exactamente sería alguien que graba lápidas, pero es también el término que se utilizaba en la antigüedad para el trabajo de tallistas de piedras preciosas. Los judíos sefarditas se especializaron en el tallado de diamantes en el siglo XVI. Ámsterdam y Amberes se disputaban la primacía del negocio. ¿Tiene usted alguna opinión sobre los judíos?

—No especialmente.

—¿Qué quiere decir?

—Que ya me he acostumbrado a…

—¿A vernos por la calle?

—No es eso, señor Shultz, quiero decir que no me parecen algo especial. Eso es todo.

—En otros tiempos eso podría haber sido el mejor salvoconducto.

—Según mis datos… —quise desviar la conversación—, usted nació en Suiza.

—Olvídese de lo que ha leído por ahí. Es curioso que en mi vida no he manifestado nada sobre mí y hay por ahí circulando media docena de biografías. Nací en Gante, en Bélgica, y mi padre no era ningún orfebre como también he leído varias veces, sino médico, igual que mi madre. Desaparecieron en 1940 tras la invasión. Yo tenía dos años y estaba en Suiza al cuidado de una hermana de mi madre, mi tía Sara, que era pintora. Nunca supe por qué me llevaron a Suiza. Después nos instalamos en Israel y viví con mi tía hasta que murió. Yo entonces tenía veinte años y me ganaba la vida vendiendo dibujos y pinturas hasta que pude trabajar en el estudio de otro pintor.

—¿Cómo empezó su… negocio?

Sonrió complacido como si estuviera esperando la pregunta o acaso porque la hubiera formulado de una manera tímida y poco diplomática. Miró de nuevo al cuadro durante unos momentos antes de responder.

—El mismo día que, al igual que usted hoy, cumplía veinticuatro años, estuve disfrutando de un día de playa con varios amigos. Se me hizo tarde y no me di cuenta de que podría perder el autobús de vuelta a casa como así ocurrió. Yo tenía que volver por obligación, fuera como fuera, y sólo tenía la posibilidad de hacerlo en autoestop. Para que no faltara nada, cuando me encontraba en la carretera esperando que algún coche se apiadara de mí, descargó la tormenta de verano más copiosa que recuerdo. La cortina de agua era más un telón impenetrable y los faros de los vehículos apenas se advertían; aunque circulaban despacio, difícilmente podrían verme con la que estaba cayendo y yo no me acercaba por temor a que me atropellaran. Me cobijé bajo un árbol en un cruce de carreteras porque entendí que así tendría más posibilidades de tropezar con un buen samaritano con coche porque con la gasolinera más próxima a varios kilómetros adelante la pulmonía estaba asegurada. Un buen rato después apareció un autobús. Desde luego no podría ser el último del día porque habría pasado por allí una hora antes pero, no había duda: era un autobús de la línea de Tel-Aviv, perfectamente reconocible por la intermitencia de sus potentes luces superiores de color naranja destellando en la oscuridad. Se arreglaba el problema e incluso la lluvia aflojaba en aquellos momentos hasta el punto de que pude ver con claridad el cartel luminoso en el frontal del vehículo: «Fuera de servicio». No me importó y salí al centro de la carretera a hacer señales para que se detuviera. «O se para o me atropella», pensé a la desesperada. «¿No has visto el cartel?», me recriminó el conductor bastante enfadado por mi irrupción en mitad de aquella noche de perros sin importarle que iba empapado hasta los huesos.

Y después de una tensa discusión me dejó subir. Me senté a su lado, dispuesto a agradecerle el detalle de haberme salvado del naufragio dándole conversación durante la hora que podría durar el trayecto Al poco rato dejó de llover y la noche se hizo menos desagradable; volvía a su condición de cálida noche de verano cuando tras una curva muy cerrada sentí que me explotaban las arterias: en medio de la carretera un cochecito de niño. "¡Vaya! —exclamó el conductor, que no parecía muy sorprendido— ¡Martina ataca de nuevo!"

Y detuvo el autobús a un metro del cochecito. Me miró y me hizo un gesto para que prestara atención a la carretera. Una mujer apareció entre la oscuridad y empujó el cochecito hasta acercarse a la puerta, que ya había abierto el conductor y estaba otra vez en clave de bronca: "¡Vamos a tener un problema contigo, Martina!", gritó furioso, golpeando repetidamente el volante con las dos manos. Martina era una mujer de edad difícil de determinar. Gesto amable, sereno y con voz medio cascada que con un gracioso acento extranjero no mostraba ningún arrepentimiento por dejar su cochecito de niño en medio de la carretera. "¡Vas a provocar un accidente y acabarás en la cárcel!", le gritaba el conductor cada vez más encolerizado desde su asiento. "¿Me dejas subir o espero a mañana?", preguntó ella sin amedrentarse.

Me di cuenta de que no llevaba ningún niño en el cochecito pero tampoco pude ver qué es lo que realmente transportaba. Desde donde yo estaba no pude ver más que unas cuantas cajas de cartón y un gran número de pequeños sacos que parecían de cuero. Estaba claro que el conductor conocía a la mujer y, decididamente, no le resultaba muy simpática, pero tampoco me pareció que la fuese a dejar tirada en mitad del camino: si había tenido piedad de mí no iría a abandonar a aquella mujer por muy temeraria que fuera. Creo que fue en aquel momento cuando ella se fijó en mí por primera vez. Me miró con gesto de complicidad, o al menos fue lo que yo advertí en sus ojos; necesitaba un aliado para ablandar la intención asesina del conductor, que no se decidía a admitirla a bordo. "Venga, hombre —intercedí yo—, no va a dejar a la pobre mujer ahí tirada." "Esta pobre mujer —me aclaró el conductor— tiene varias denuncias por dejar su negocio en medio de la carretera en plena noche y ya estamos hartos de soportarla."

Nos enzarzamos en una discusión los tres y me veía también en la carretera haciéndole compañía a Martina con su cochecito cuando ella suplicó: "No he ganado nada en todo el día, no he comido y estoy empapada. Si hubiera ganado algo…" "¡No dirás una verdad en tu vida! —la interrumpió el conductor, que no acababa de sosegarse—. ¡Seguro que has comido y te ha ido bien la venta! ¡Pero eres tan miserable que no quieres pagar ni el billete de vuelta! ¿Cómo es que tienes dinero para ir y nunca tienes para volver?"

Aún así me pareció una crueldad que no la dejara subir y volví en su ayuda:

—Yo puedo pagarle gustosamente el billete y también pagaré el mío.

—¡En un trayecto fuera de servicio es un delito cobrar el viaje y una falta grave admitir viajeros! ¿Entiendes lo que está pasando? —ya me veía de socio de Martina empujando su cochecito.

—¿Y quién va a saberlo? —preguntó ella escurriendo el pañuelo con el que se cubría la cabeza—. ¿Me ayudáis con el coche? Pesa mucho para mí.

El conductor suspiró con fastidio y bajó del autobús. Yo desde arriba ayudé a subir el cochecito, que pesaba lo suyo, y reanudamos la marcha sin dirigirnos la palabra.

—Tengo que cargar el depósito —dijo el conductor cuando nos acercábamos a una gasolinera—. Tumbaos en los asientos, que nadie os vea.

—¿Puedes comprarme algo para comer? —preguntó ella desde la parte de atrás, y el conductor le respondió: "¡Martina, déjame de tocarme los...!".

"Vaya pareja", pensé sujetándome la risa. Me tumbé en el asiento y hablamos sin levantar mucho la voz:

—Señora, tengo medio bocadillo que me ha sobrado.

—¿De qué es?

—De filete empanado con pimientos.

—¡Me encanta! Muchas gracias, ¿cómo te llamas?

—Rubén.

—Yo, Martina. ¿A qué te dedicas?

—Soy dibujante.

—¡Qué casualidad! Yo también pinto.

Se acercó por el pasillo gateando y se lo di. Volvió a su asiento y en el silencio la oí masticar hasta que el ruido del papel del envoltorio arrugándose me indicó que había acabado de cenar.

—¡Exquisito! —musitó con satisfacción entre el chuperreteo de los dedos.

Volvió el conductor con peor talante del que se fue maldiciendo la noche, la gasolinera, el viaje y los polizones que llevaba a bordo:

—¡Vais a tener que hacer el resto del viaje tumbados! —dijo en voz baja pero en un tono imperativo.

—No seas agonías. Siempre estás igual —replicó Martina.

—¡Baja la voz! —ordenó encendiendo la radio y subiendo el volumen—. ¡Me vais a buscar un problema!

De nuevo en la carretera desconectó la radio, imagino como una deferencia para que pudiéramos hablar sin tener que gritar y ya de paso para que oyéramos su rosario de lamentaciones.

—¡En cuanto aparezca un taxi os bajáis los dos! ¡No puedo entrar en la ciudad con pasajeros y ya veremos si no me ha denunciado alguno de la gasolinera! ¡Sentaos si queréis, ahora no hay problema!

—Yo no tengo dinero para un taxi —se adelantó Martina—, déjame en el puente y seguiré como pueda. ¡Y no te ha denunciado nadie! ¡No seas agonías!

—No se preocupe, señora, le dejaré donde me diga. —No podía permitir a la pobre mujer seguir caminando bajo la lluvia que empezaba otra vez a caer y empujando aquel destartalado carrito de niño que pesaba lo suyo.

—Gracias, hijo. ¿Cuántos años tienes?

—Hoy cumplo veinticuatro años. ¿Qué es lo que vende?

—¡Felicidades! ¡Una edad preciosa! Vendo piedras.

—¿Cómo?

—¡Sí, piedras! —exclamó el conductor entre risas—. ¡El negocio del siglo!

—Recojo piedras de la playa. Las más lindas, redondas, sin maca alguna y después las decoro con pinturas, ¿quieres verlas? —Se acercó al cochecito y volvió con un saquito de cuero para sentarse a mi lado. Lo abrió y me fue mostrando piedras de varios tamaños pintadas con purpurina de colores que resultaban muy llamativas en la penumbra—. Como cumples veinticuatro años, te voy a regalar veinticuatro piedras.

Las fue eligiendo delante de mí, las metió de nuevo en el saco de cuero y me lo dio.

—Felicidades, Rubén, que cumplas muchos más.

Volvió a su asiento y yo me quedé dormido.

—¡Despierta! —me gritó el conductor al poco rato.

El autobús estaba parado en un semáforo a la entrada de una calle solitaria de los arrabales que me era conocida. No estaba cerca de mi casa y eran casi las tres de la madrugada. No se veía ningún taxi pero al menos no llovía.

—Tienes que bajarte ya —ordenó el conductor.

Miré hacia atrás buscando a la señora pero ya no estaba, había desaparecido y miré extrañado al conductor.

—Se bajó en el puente —me aclaró—. Debe vivir por allí cerca. ¿Vives lejos?

—No se preocupe y muchas gracias; le agradezco el viaje. Esperaré que aparezca un taxi.

—No puedo acercarte más. Lo siento —se despidió.

Llegué a mi casa después de una caminata porque no apareció ningún taxi y me fui a la cama directamente. Al día siguiente a primera hora tenía un compromiso importante, estaba exhausto y existía el riesgo de quedarme dormido. Tenía que descansar aunque solo fuera un par de horas y no me fiaba de un despertador que funcionaba a ratos. Y por esa vez no me dormí y llegué a tiempo para realizar una prueba que acabaría siendo la puerta de entrada en una importante empresa en la que llegaría a trabajar apenas un año.

Se trataba de una empresa que se dedicaba a la confección de grandes murales, fundamentalmente carteles para el cine. Ahora hay otras técnicas pero entonces era así. Hacíamos grandes carteles anunciando películas y reclamos publicitarios para muchos clientes incluso de Norteamérica. Me acoplaron en un estudio junto a un par de colegas con mucha experiencia que ya desde el primer día me aclararon lo de los galones que da la antigüedad y los grandes beneficios que se obtenían en la empresa por cumplir las "recado-misiones" sin rechistar. El primer recado-misión que me asignaron fue cuidar de los peces de una enorme pecera que presidía el estudio: darles de comer, asegurar la oxigenación del aire, limpiar los filtros, remodelar de vez en cuando el fondo para que no se "estresaran" —nunca supe si que los que no debían estresarse éramos nosotros—, y sobre todo revisar la iluminación para no electrocutarlos. Me entretenía la pecera y llegué hasta a aficionarme. De siempre fui capaz de ilusionarme con casi todo. "Si no le pones pasión a lo que haces, sé valiente y no lo hagas", aprendí de mi tía Sara cuando siendo niño me enseñaba a dibujar.

El fondo de la pecera estaba un poco desprovisto de elementos decorativos y pensé que las piedras que me había regalado Martina quedarían bien resaltando sobre la arena blanca del fondo. Y así fue: la pecera parecía otra con las piedras decoradas esparcidas por el fondo simulando más un arrecife. Pero unos días después el agua apareció turbia y cundió la alarma. Era evidente que la pintura de las piedras era la responsable de la contaminación. No hubo consecuencias para la fauna pero saqué las piedras y me las llevé a casa.

Observábamos a los peces como terapia de "limpieza de impurezas cerebrales". Quien tuvo la idea de instalar una pecera sabía sin duda lo que hacía. Ver evolucionar a los peces en su pequeño mar de metro y medio, sin parar de un lado para otro, y de vez en cuando mirándote a través del cristal, te apartaba de tus ideas, te daba alguna tregua a tus nudos mentales y al menos te ofrecía la oportunidad de explorar otras alternativas ante la dificultad que te tenía embotado. No es nuevo, meditar es simplemente eso: dejar de pensar para dar tiempo a que la mente se libere de obsesiones. Cuando les daba de comer, siempre a la misma hora como exigían las "normas de régimen interno", me fijaba en cuál de ellos era más hábil engullendo. Parecía que sabían a qué hora empezaba a caer el maná y subían para ganar posiciones.

Un día me di cuenta de que los peces no se movían del fondo. Se entretenían removiendo algo que había bajo la arena. Era extraño, nunca los había visto comportarse así y metí la mano para ver qué querían desenterrar. Y, efectivamente, era otra piedra de las mías. La saqué y me di cuenta de que había perdido la purpurina, ya no era lisa y parecía ya más un cristal que una piedra. Dudé de que fuera una de las mías pero la guardé en el bolsillo para que no tuviera nadie la idea de volver a tirarla dentro de la pecera porque, lo que no ofrecía dudas es que a los peces no les gustaba: nada más sacarla volvieron a su rutina, les di un poco de comida y se animaron al instante.

Por la noche, cuando volví a casa, busqué el saquito de cuero para asegurarme de que continuaban las veinticuatro piedras en su sitio. Si había podido admitir que una pudo quedarse en el fondo de la pecera cuando yo estaba seguro de que conté las veinticuatro al sacarlas, no había seguridad de que hubiera contado bien. Y efectivamente, faltaba una, o mejor podría decir que faltaban todas: aquellas no era las piedras que me habían regalado, sino cristales: veintitrés cristales del mismo tipo del que llevaba en el bolsillo y que acababa de sacar del fondo de la pecera. Y ese fue… el principio.

—¿Có... mo? ¿Qué quiere decir, señor Shultz? —pregunté cuando se quedó con la mirada perdida después de aquella larga explicación.

—Que así empezó todo, ¿qué le parece? ¿Se atreverá a escribirlo en su periódico? Entiendo, entiendo; hay más cosas que explicar. Pero le diré algo que le gustará al gran público: con el primer cristal pude pagar todas mis deudas, cambiar de casa y contratar a un pintor para que hiciera el cuadro incompleto que tanto le intriga.

—¿Es…?

—Sí, es lo que recuerdo de Martina y lo que pudo hacer el pintor con mis indicaciones, pues yo no me atreví ni a intentarlo.

—¿Có… mo? No entiendo… ¿es que no…?

—Martina… nunca existió. Y tampoco sé cómo va usted a publicar esta historia sin que le despidan. Le he puesto en un aprieto, ¿verdad?

—Señor Shultz, ¿qué pretende con toda esta historia…?

—¿Increíble? ¿Cuento de Navidad? ¿Delirios de un rico, viejo y decrépito? Le falta contenido a la historia para que sea aún más increíble. Se estará haciendo preguntas de toda clase pero no se preocupe. No hay nada que ocultar. ¿Qué sentido tendría confesar algo que nadie me ha obligado a hacer? Supongo que lo ha pensado, y más si se trata de una historia fantástica para llevar a un cuento infantil: «Érase una vez un buen chico que ayudó a un ángel perdido en medio de la carretera». ¿Le estoy pareciendo un loco de atar? ¿Usted cree que si quisiera justificar el origen de mi fortuna lo haría con una extravagancia?

—No sé qué pensar, señor Shultz, creo que tendré que…

—Pero al menos espere a que le cuente el resto. Hay más cristales por vender hasta que me decidí comprar. Han pasado muchos años; no construí mi mundo en seis días. Podemos descansar y seguimos después. ¿Está cansado de oír cuentos chinos?

—No estoy cansado, señor Shultz, sino un poco…

—Sorprendido. Y es natural. ¿Se puede imaginar cómo ha podido ser mi vida? Usted tiene veinticuatro años y le veo como yo era el día que también cumplí veinticuatro años y Martina me regaló veinticuatro diamantes que cambiaron mi vida.

—¿Hoy… va a cambiar mi vida?

—Depende de usted. Yo le doy veinticuatro horas, ¿entiende?

—De acuerdo; continúe, por favor.

—Cuando me dijeron que el cristal era un diamante en bruto de una pureza nunca vista tuve dificultades para quitarme de en medio a una docena de buitres que estaban dispuestos a pagar lo que fuera por saber de dónde lo había sacado. Siempre dije que era un cristal que me dio mi tía antes de morir y que era de mis padres. Acabaron por dejarme en paz y ni por asomo se me ocurriría intentar vender otro. Pero lo que sí intenté fue encontrar a Martina.

—Y no lo logró.

—Y llegaron a pensar que estaba más loco que una cabra. ¿Cómo era posible que nadie supiera nada de una mujer que vendía piedras en la playa y que paraba al autobús nocturno cada dos por tres? ¿Se imagina mi cara cuando me dicen que no hubo ningún autobús a aquellas horas? Ningún conductor sabía nada de una tal Martina que al parecer había sido denunciada varia veces porque era un peligro público. Y en la gasolinera no hubo ningún autobús repostando porque jamás repostaban los autobuses allí. Y yo insistiendo por todas partes. Llegué a presentar una denuncia por la desaparición de una mujer… que nunca existió. Y yo con los cristales en casa. ¿Se imagina?

—¿Y qué decidió hacer?

—Seguí las palabras de mi tía: «Yo te he enseñado a dibujar, dibújate a ti mismo cuando tengas la luz adecuada». No lo dudé, me habían indicado el camino a recorrer: los diamantes. Y empecé por estudiarlos desde el principio. Estudié geología en los Estados Unidos y en Inglaterra y después viajé por el mundo: India, Brasil, Colombia, Sudáfrica... donde hubiera yacimientos; me especialicé en gemología en Holanda y me instalé en Amberes cuando cumplí los treinta. Pasé seis años estudiando los diamantes antes de asociarme con un joyero en apuros que me enseñó las claves del negocio. El negocio no paró de crecer y cada dólar invertido se doblaba y cada dólar que...

Se quedó callado con un extraño gesto cargado de nostalgia. Dejó pasar varios segundos mirando al cuadro fijamente y volvió de sus reflexiones asintiendo con resignación.

—Cada dólar que he donado se me ha multiplicado por veinticuatro.

—¿Qué, qué está diciendo?

—¿Se imagina las complicaciones con el fisco? Me han inspeccionado tantas veces mis negocios que hasta la mafia quiere saber cómo lo hago. Y la única explicación que no les queda más remedio que admitir es que tengo una bola mágica.

—¿Una bola... mágica?

—Que me indica dónde invertir. El rey Midas: lo que toco se convierte en oro... de veinticuatro quilates. El número veinticuatro es mi número. Supongo que está enterado de mi detención en Las Vegas en el setenta y cinco.

—Fue un... error, una confusión, escribió la prensa. Lo leí en una de sus biografías.

—Fue un horror más que un error. La única vez en mi vida que entré en un casino, salí esposado. ¿Alguna vez se ha pasado usted... de copas? Quise visitar la ciudad de la esperanza, una ciudad en medio del desierto donde puede pasar cualquier cosa, buena y mala. Me pasé de copas y entré en el primer casino que encontré. ¿Usted sospecharía si en la ruleta sale el veinticuatro cada vez que yo apostara por ese número? Gané más de medio millón de dólares y no lo supe hasta que se me pasó la borrachera. Desperté en una celda junto a un par de negros que habían robado un coche y se habían estrellado contra un escaparate después de destrozar una fuente. A mí solo me hizo falta hacer una llamada para que me soltaran y cuando supe lo que había ganado les pagué los destrozos a los negros para que les soltaran también. Mis abogados me informaron de que el crupier de la ruleta en la que gané el dinero también estaba detenido por sospechoso y ordené que lo defendieran a pesar de que me advirtieron de que no lo hiciera. Lo echaron del casino y desde entonces es mi… secretario: el pesado de las cartas.

—¡Medio millón! —exclamé maravillado.

—Demasiado dinero para un borracho y…

—No me diga que lo…

—Sí, lo doné para hacer un hospital en África, en Sierra Leona y…

Recordé la conversación de mis padres cuando hablaron de aquel hecho, que debió ser efectivamente cuando yo tenía diez años, y mi gesto le debió parecer una señal de incredulidad.

—¿No me cree? —me miró arqueando las cejas.

—Sí le creo, señor Shultz, y fue precisamente ese hecho con el que supe de su existencia cuando era niño: «Un hombre inmensamente rico construye un hospital en África», dijo la televisión.

—La indiscreción de mis abogados y la prensa, siempre vigilándome.

—¿Por qué allí, hay algún motivo?

—Los diamantes, por supuesto. Para la gente que trabaja allí, en las minas. La televisión no creo que dijera que era un hombre «inmensamente rico».

—Fue un comentario de mi padre.

—¡Inmensamente rico! ¡Suena hasta mal! Resulta ofensivo, ¿no cree?

—Supongo que depende del origen de la riqueza.

—¿Y qué va a escribir ahora del origen de mi riqueza? ¡Veinticuatro diamantes que vinieron de un sueño y medio millón de dólares que salieron de un casino?

—Los quinientos mil dólares del casino se fueron a África, ¿no?

—Y volvieron doce millones.

—¿Qué?

—Quise controlar desde el principio la construcción del hospital. No me fiaba de nadie allí y lo primero que hice fue firmar contratos con un par de empresas mineras y con el Gobierno. Tenía que asegurarme de que el hospital se construyera en una zona determinada y en un tiempo fijado: les pedí garantías, eso era todo. Cuando empezó la excavación... las empresas mineras me pagaron doce millones por los terrenos y el compromiso de seguir adelante con el hospital en otro sitio. El hospital se construyó y un par de escuelas también. ¿Lo va a escribir así?

—Le aseguro que sí, señor Shultz. No cambiaré nada.

—¿Y qué hará cuando su jefe no lo publique? ¿Cree que van a permitir en su periódico el cuento de Caperucita?

—¿Y por qué no van a permitirlo?

—Conozco a su jefe y espero que no le abronque demasiado cuando se presente usted con esta... fábula.

—Me han enviado a entrevistarle y es lo que he hecho. Tengo las cintas. Me ajustaré a su declaración y ni añadiré ni eliminaré nada.

—De acuerdo, ¿qué más quiere saber?

—Todo. ¿Cómo continuó su negocio, cómo fue abriendo joyerías, cómo...?

—Bien, bien. Pero ahora vamos a comer y seguiremos después. Durante la comida me contará usted sus veinticuatro años de vida para compensar, ¿le parece?

Me fui de la mansión cerca de las tres de la madrugada con media docena de cintas grabadas, una baraja de cartas marcadas que me regaló el «mayordomo crupier» y una carta de felicitación y agradecimiento que Rubén Shultz dirigía a mi jefe por «mi profesionalidad». Había material para un libro. Y después de una larguísima sesión de trabajo, el consejo de dirección decidió publicar solo una página en la que la mitad eran gráficos de contenido económico.

—¿Y todo lo demás? —le pregunté a mi jefe.

—Esta es la vida real, hacemos lo que podemos, no lo que queremos —me aclaró sin contemplaciones.

—Pero… ¿para esto tanto trabajo? —Yo no podía entender que una historia tan fascinante se quedara resumida a una escueta declaración de un patrimonio.

—No insistas, tú haces lo que se te ordena y la empresa te paga tu sueldo y… las cintas no son de tu propiedad, ¿entendido?

Eso me llenó de sospechas. Por supuesto que las cintas eran del periódico. Lo tenía bastante claro en las condiciones de mi contrato, pero no me gustó. Había mil momentos mágicos en la vida de Shultz, le habían ocurrido cosas extrañas y maravillosas a la vez, decía recordar la sonrisa de Martina de vez en cuando y así iba intentando culminar el cuadro. «No sé qué va a pasar cuando al fin vuelva a encontrarme con ella», me dijo varias veces durante la entrevista. Una semana después de la publicación de aquella deplorable página recibí una llamada del señor Shultz. No me dio opción a que me disculpara. Me dijo que había ocurrido lo previsto y que lo bueno estaba por llegar. No le noté un mínimo tono de reproche por el uso que hicimos de más de quince horas de conversación. Y se despidió con un enigmático: «Le debo aún seis horas».

Rubén Shultz murió en un fatal accidente dos meses después de la entrevista, el quince de marzo de dos mil diez al caer de un edificio en Nueva York. Toda su inmensa fortuna quedó en manos de su fiel mayordomo, el crupier obsesionado por los trucos de cartas, que cumplió escrupulosamente un mandato que me implicaba: me entregó tres cintas con seis horas de declaraciones y un acta notarial que me reconocía el pleno derecho de uso sobre ellas. Esas cintas contienen la historia de Rubén Shultz, que han servido para escribir esta novela que tiene usted en sus manos, amable lector. Y este prólogo sólo lo encontrará en esta edición para celebrar el número de veinticuatro millones de libros vendidos en todo el mundo. Veinticuatro. ¿Qué pasó con el cuadro? Tendrá que leer la novela.

LA MALDITA PUERTA

«¿Cuándo se abrirá la maldita puerta? Mientras esté cerrada será maldita y cuando se abra será el fin del cautiverio. ¿Habrá que tirarla a hachazos? ¿Alguien sabe cómo abrirla? Alguien debe tener la llave y nos la oculta. ¿Qué poder maléfico puede tener interés en que permanezcamos entre tinieblas? ¿El diablo? ¿Existe el diablo? El diablo no es más que la codicia que atrofia nuestras conciencias. ¿La verdad? ¿A quién le preocupa la verdad? Al hombre sólo le interesa el oro y esa es su miseria.»

Era una nota que encontré entre otras muchas tantas fijadas con chinchetas de forma caótica a muebles, paredes y cristales de las ventanas, al poco de ingresarlo en el siquiátrico.

Me llamo Araceli Bohórquez, soy siquiatra y estaba en el último año de internado en el Instituto Siquiátrico San Marcos cuando me encontré con el caso. Tenía poca experiencia y muchas dudas que la tutela del doctor Velarde, don Luis Velarde, director del hospital, me aclaró desde el primer día con su paciencia infinita:

—Trabajar con ancianos es como tratar con niños aunque sin el encanto, pero hay excepciones; y entonces aprenderás más de lo que te enseñan en la facultad.

Escribo esta historia en la habitación de un hospital, sentada en una silla de ruedas a consecuencia de un desgraciado accidente y animada por la feliz noticia que me dieron hace una semana de que volveré a caminar tras una pequeña intervención. Mis padres acaban de marcharse. Me han traído el paquete guardado durante algunos años que prometí abrir en un determinado momento. Solo sé que es un cuaderno con las reflexiones de un paciente. Pero antes de leerlas, y en homenaje a su memoria, he preferido hablar de él.

El principio fue la historia de siempre: unos vecinos se alarmaron porque hacía muchos días que no sabían nada del viejo del cuarto piso. Nadie le había visto salir, no tenía familia y día y noche se oía música tras la puerta de su casa. Música clásica, «culta», como la definió el intrépido vecino que saltó de terraza en terraza hasta entrar en casa del abuelo y encontrarlo cómodamente recostado en su sillón, despierto, en nada sorprendido por la violenta irrupción en su domicilio, con una botella de coñac a punto de claudicar y mil pastillas de varios colores esparcidas por todas partes. Sonaba la *Novena sinfonía* de Beethoven —decía también el informe— en un viejo tocadiscos que al parecer no había parado de girar en una semana repitiendo hora tras hora la misma obra.

Llamaron a los Servicios Sociales al ver que no reaccionaba y después de una corta peregrinación lo ingresaron en el San Marcos para ser tratado por el doctor Velarde que, siguiendo su metodología en las prácticas, nos obligó a presenciar la primera consulta «con ojos y oídos perfectamente saneados» para no perder detalle del paciente y aportar un prediagnóstico que después comentaríamos todos juntos en su despacho.

El abuelo me interesó especialmente desde el primer momento y no creo que fuera porque su apellido era también Bohórquez, Pedro Bohórquez. Pasado el tiempo he pensado que inconscientemente quise ver en él al abuelo que nunca conocí.

Hablé con el doctor para pedirle ocuparme del caso de manera exclusiva y accedió. Nunca se lo agradeceré lo suficiente. El doctor supervisó mi trabajo comenzando con la pura rutina del análisis de los fármacos que tomaba el paciente en aquel momento y tuve que dedicar muchas horas hasta conocer en profundidad la evolución del abuelo Pedro, «evolución degenerativa», como él mismo la calificaba cuando comentábamos su historial médico, que se cerraba como el típico de una persona de ochenta años: hipertenso, diabético, con un marcapasos para controlar las arritmias que sufría desde que cumplió los sesenta, y a falta de alguna operación de cadera o de próstata que hasta el momento no le había correspondido en el habitual repertorio de «averías por exceso de oxidación». Tomaba con rigor la medicación «reglamentaria» que él mismo definía como antidemográfica y antisocial, y no fueron pocas las veces que lo descubrí mirándome con conmiseración, apiadándose de mí cuando repasaba mis notas durante las consultas. «Te acompaño en el sentimiento; ten conformidad», podía entender en sus ojos.

El doctor me ordenó que estudiara también el «hábitat habitual» y conseguí la autorización para inspeccionar su domicilio, lo que me dio la oportunidad de entrevistarme con sus vecinos. Hubo de todas las opiniones: insociable, amable, correcto, orgulloso, raro, prepotente y hasta veinte diferentes actitudes coherentes y contradictorias que, a juicio de mi tutor, eran las características propias de cualquier tipo normal a ojos de cualquier otro tipo normal. Su casa era más una estantería atiborrada de libros salvajemente apretujados. Hasta en el baño acumulaba libros e incluso en los cajones de la cocina y bajo la cama. Un viejo televisor y un aún más viejo tocadiscos de los años sesenta ocupaban una esquina de la sala de estar en la que no había más que un cuadro, *La tête éclatée* de Dalí. Y bajo el cuadro, un mueble muy funcional con cerca de cien discos de casi todas las tendencias pero mayoritariamente de música clásica. Ningún cuadro más en toda la casa, ninguna fotografía, ningún adorno, nada de objetos a la vista que decía guardar en cajas de cartón amontonadas en dos habitaciones que había transformado en descuidados trasteros. Y en contraposición a aquel escenario despejado de objetos, un mar de notas de todos los tamaños y colores salpicándolo todo. Con chinchetas, grapas, papel adhesivo e incluso engrudos y pegamentos agresivos que arruinaban la madera había fijado hojas de papel por doquier donde escribía sus «elucubraciones», muchas veces ininteligibles.

Aunque no daba el tipo del síndrome de Diógenes eché en falta bolsas de basura. Si nadie le vio durante un mes, en algún lugar debería guardar los desperdicios a no ser que se hubiera alimentado a base de pastillas y coñac, o hubiera algún vecino que en secreto le bajara la bolsa. No conseguí saberlo.

Clasificar sus notas con algún criterio fue también muy difícil. Encontré alusiones a refranes, a pensamientos de filósofos de todos los tiempos y una buena colección de críticas durísimas a citas de personajes relevantes de la historia. «Dudo hasta de la duda», repetía obsesivamente en sus escritos. Al principio pensé que podrían ser apuntes para una novela autobiográfica que hubiera sido una ayuda importante para el estudio de su personalidad; documento que tantas veces he deseado debiera ser de obligada redacción para cualquiera para facilitar el trabajo de los siquiatras a la hora de los inevitables «deterioros mentales».

La puerta maldita parecía ser el título de su novela. Con aquella tres palabras encabezaba todas sus notas, o con las siglas «LPM» que también aparecían constantemente y muy remarcadas entre proverbios, denuncias y extrañas sentencias; tuve que leerlas todas con urgencia para apoyarme en el prediagnóstico que me iba a exigir el doctor como conclusión de mi primer contacto con el paciente. Encontré un párrafo en el que se hacía seis preguntas y daba la impresión de que respondía a todas ellas con una aseveración absolutamente tenebrosa pero que me hizo sonreír: «La penitencia por el pecado original fue que los hijos de Eva nacerían con el cerebro atrofiado». Leí varias veces aquellas notas; en mi casa, en el hospital durante las prácticas, con el jefe en su despacho, e incluso más de una vez en el domicilio del paciente al que acudí varias veces, atendiendo a las recomendaciones del doctor, para profundizar en la *personalidad* de los objetos que le rodeaban: «Intentad respirar el aire del paciente para conocerlo mejor», nos sugería con frecuencia.

El jefe supo desde el primer momento que no estaba frente a un caso claro de disfunciones seniles típicas. Ni rastros de demencia, ni de alzhéimer; ni una mínima señal de depresión: el abuelo Pedro se había cansado de vivir y había planeado su paso a la otra dimensión en compañía de Beethoven y unas cuantas anfetaminas regadas con coñac. Eso era todo y así lo concluí en mi diagnóstico sabiendo que al doctor no le iba a gustar y que me iba a obligar a revisarlo. Me dio más tiempo y hablé con el abuelo casi quinientas horas a lo largo de seis meses, algunas en presencia del doctor y otros compañeros de prácticas, otras a solas en la habitación del hospital, y bastantes más en su domicilio cuando le dieron el alta. Realmente el abuelo no debería haber permanecido en el hospital más que una semana a lo sumo, pero era él quien pedía continuar ingresado, decía con cierta sorna, «por advertir en mi ánimo sombras de soledad sobrevenidas». Cuando hablamos de ello, ya en su domicilio, lo negaba.

—¿Miedo yo a lo soledad? —se preguntaba cargado de cinismo.

—¿Entonces? ¿Por qué no quería volver a casa? —le replicaba yo y entonces me respondía sin dejar de reír:

—Porque tengo que ayudarte, Araceli.

La misma situación que en *El silencio de los corderos*, le comenté al doctor cuando le informaba de mis avances. Pero yo no era una policía persiguiendo a un asesino, sino una aprendiz de siquiatra tratando de no perderme en el laberinto de un desquiciado y torpe aspirante a suicida como llegué a considerar en los primero momentos. Tardé algún tiempo en descartar sus intenciones autodestructoras y lo consulté con el doctor, que confirmó mi impresión: no había peligro y el paciente podría volver a su casa. ¿Qué había ocurrido? ¿Qué teníamos que concluir con el caso? ¿Un suicidio frustrado con sincero arrepentimiento y propósito de enmienda? ¿Una forma de llamar la atención característica en una situación de desesperada soledad? Me interesó conocer la opinión que tenía de sus vecinos para tratar de justificar su aislamiento y me encontré con algo poco habitual: sus vecinos eran unas excelentes personas, respetuosos y serviciales; pero él no tenía ningún interés en mantener amistad con ninguno de ellos, es más, lo rechazaba, prefería no coincidir con nadie ni en el ascensor ni en parte alguna. Estaba en guerra con el mundo que había al otro lado de su puerta. Era un feliz ermitaño que añoraba «mis libros, mi música y un rincón cálido en el que despedirme de la mediocridad del mundo». «El verdadero gesto de inteligencia es aspirar a extinguirse en brazos de lo que amas», leí también entre sus notas.

¿Sus recuerdos? Por supuesto que hablamos muchas veces de sus recuerdos; aunque mejor debería decir que intenté hablar muchas veces de sus recuerdos: solo una vez se decidió a abrir una caja para mostrar algo de su pasado.

—Creo que tiraré las cajas; ocupan mucho espacio —repetía cuando alguna vez quise que me mostrara las fotografías que decía guardar—. Los libros y los discos no los tiraré —añadía mirándolos con respeto—; en los libros y en la música hay resortes para abrir la puerta.

Otra vez aparecía la puerta; «la maldita puerta» a la que aludía insistentemente con amargura y sobre la que el doctor me prohibió preguntar directamente. Aquella espera me estaba desquiciando y no veía el momento para abordar lo que llegué a entender era la imagen de una obsesión que tenía bloqueada la mente del pobre viejo. Pero respeté la prohibición del jefe, y acertó. Se cansó de que yo nunca le preguntara por la dichosa puerta —culpable de todos los males del mundo—, y cuando ya se encontraba definitivamente repuesto, una tarde que fui a visitarle, puso su disco favorito: la *Novena sinfonía* de Beethoven. Se sentó en un sillón y me hizo un gesto, invitándome a que me sentara también y me dispusiera a disfrutar del momento. Cerró los ojos y así los mantuvo durante los setenta y cuatro minutos que dura la obra y, efectivamente, creo que entonces fue cuando la escuché de verdad por primera vez. No soy nada melómana y fue quizás el escenario lo que produjo la magia: a solas con un paciente de ochenta años con una capacidad de discernimiento que tenía sorprendido al mismísimo jefe de siquiatría, en compañía de un anciano cerrado herméticamente a su pasado —a diferencia de la tendencia de cualquier abuelo a contar batallitas—, junto a un suicida fracasado que malvivía obsesionado con una «maldita puerta» que paradójicamente daba entrada al paraíso, una sinfonía me llevó a un nivel emocional que aún no he podido describir. Fue un momento desconcertante y cargado de sensaciones cuando sus lágrimas inundaron las arrugas de su rostro durante los últimos compases del final apoteósico. Dejó pasar unos segundos y tras respirar profundamente, me preguntó:

—¿No te ha gustado?

—Me ha impresionado —confesé lo que sentía en realidad.

—A mí me emociona siempre —añadió enjugándose las lágrimas—. ¿Cómo te puedes explicar que a mucha gente esto no le altere el pulso en absoluto?

—Es cuestión de sensibilidad, supongo.

—Por supuesto; ¿y cómo se puede adquirir sensibilidad? ¿Se nace?

—No. Esa sensibilidad se adquiere, y no en todos los casos. No todos somos sensibles a los mismos estímulos.

—Sí, y tengo suficientes años para haberlo visto y sufrido. Sobre todo, sufrido. No todos reaccionamos ante los mismos… brillos y mejor que sea así. Si todos reaccionáramos de la misma manera seríamos robots, ¿no te parece?

—Así es. Sin diferencias nada funcionaría; física pura: norte-sur, positivo-negativo, luz-oscuridad…

—Ya; y bien y mal.

—Sí, efectivamente; y bien y mal, son las reglas.

—Hasta que se abra la puerta y cambien las reglas.

Me miró expectante esperando la pregunta y ante mi silencio sonrió y añadió:

—¿Es cuestión de protocolo o de prudencia? Nunca me has preguntando por la puerta, ¿por qué? Sé que has leído y releído mis notas, ¿por qué no me acosas con mis traumas?

—Porque es mejor que me lo explique usted cuando quiera.

—¿Eso es lo que te ha ordenado el doctor? No hay que agobiar a los locos con sus locuras.

—Usted no está más loco que cualquier otro. Uno que trata de quitarse de en medio no es necesariamente un loco.

—No necesariamente; pero al menos un poco loco, sí.

—Mire, mi jefe lleva toda la vida intentando saber en qué consiste estar loco y todavía no lo ha logrado. ¿Contesta eso a su pregunta?

—Viniendo de una eminencia como tu jefe, por supuesto. Pero, ¿tú qué piensas? ¿Qué es lo que te interesaría conocer de verdad de mis rarezas? Hace mucho tiempo que me tienes bajo tu microscopio. ¿Cómo me ves? ¿Qué piensas de mí? ¿Un viejo ilustrado, un cascarrabias, un resentido social, el abominable viejo del cuarto piso? ¿O alguien con ochenta años de retraso para irse al otro mundo? ¿Qué has descubierto en mi muro de las lamentaciones?

—Una persona que encuentra algo sublime en una sinfonía y que es capaz de elevarse hasta un estadio emocional que la mayoría de la gente no sería capaz de imaginar ni remotamente. Eso es lo que he descubierto.

—La maldita puerta, Araceli. Tú sabes mejor que yo cómo funciona el cerebro, lo has estudiado durante la carrera. Yo solo sé que tenemos algo bloqueado aquí arriba. Algo que nos impide avanzar, algo que nos impide orientarnos hacia la felicidad. He leído que hay zonas en el cerebro que aún no se han estrenado, que ocultan potencialidades, que… si alguna vez consiguiéramos… si alguna vez acertáramos a abrir la puerta… ¿crees en Dios? —me preguntó interrumpiéndose en su reflexión.

Me vi sorprendida con la pregunta y no supe reaccionar. Vio que estaba totalmente azorada y añadió:

—Tampoco importa mucho si creemos o no creemos en Dios, pero es conveniente que uno se sienta cómodo con la opción que elija para no caer en la esquizofrenia. ¿No crees que hay algo que nos bloquea la mente? ¿Eso no es científico?

—Mire, Pedro; no soy neuróloga y mis conocimientos sobre el funcionamiento del cerebro no son suficientes para contestar a esas cuestiones. Tengo amigos neurólogos que discrepan sobre los últimos descubrimientos que yo misma no estoy segura de entender y, como dice el doctor, tenemos bastante con tratar de comprender por qué detiene uno instintivamente el coche ante un semáforo en rojo como para tener que estudiar también el mecanismo del pedal de los frenos.

—Los agobios del día a día te impiden reflexionar sobre el mañana; la trampa del diablo. ¿Crees en el diablo?

Sonreí para disimular otra vez mi estupor pero él notó mi confusión:

—Ni cielo ni infierno, ¿es eso, Araceli?

—¡Infierno, sí! —me adelanté a aclararle.

—Vaya, no te está convenciendo tu papel en el gran teatro del mundo. ¿Ya cargas con resentimientos? ¿Por qué eres siquiatra? ¿Hubieras preferido ser otra cosa? ¿No has pensado nunca en tener una familia, casarte, tener hijos?

No me agobiaban sus preguntas. Entendí en su actitud sincera una amable demostración de confianza. Él me había hablado de sus traumas y de sus liberadoras trompas a base de coñac y anfetaminas, y nos reímos más de una vez recordando al valiente que le rescató del nirvana saltando de terraza en terraza hasta entrar en su casa para acabar con *la música diabólica* que tanto molestaba al vecindario.

—Si hubiera puesto un chunda, chunda ya estaría muerto —decía congestionado entre carcajadas—. ¿Te gusta la música clásica? —me preguntó a continuación, y añadió muy convencido—: En la música clásica está la clave; conforme la vas conociendo vas creciendo espiritualmente, sin límite, te eleva hasta sensaciones más allá de tu propia capacidad intelectual. Es lo más próximo que he encontrado como camino hacia la llave de la maldita puerta.

Fueron muchas horas las que pasamos juntos divagando sobre lo divino y lo humano y no faltaron momentos de tensión y desacuerdo que solía zanjar preguntándome sobre la posibilidad de encerrarse en un manicomio o interesándose por mi vida privada: «¿Cuándo dejarás de estudiarme?», «¿me vais a encerrar definitivamente?», «¿aún no me habéis catalogado?», «¿nunca vas a tener novio?», «¿te gusta tu profesión?», eran preguntas frecuentes que utilizaba para rebajar la crispación cuando nos alterábamos demasiado.

—¿Te gusta lo que haces? —insistió en cierta ocasión.

—Cada día más. Se está convirtiendo en un vicio.

—«Nadie será maestro en su oficio si no lo toma por vicio», pero nada mejor que un vicio para dejar de ser libre, no lo olvides. Hay más vida por explorar que limitarse a hurgar en las manías del prójimo. Tú ya lo ves; no soy un caso peligroso para nadie y he descubierto lo mal que se llevan mis vecinos con Beethoven. No volverá a ocurrir, te lo aseguro. Aunque ha sido una experiencia nueva hablar del nirvana con una doctora en siquiatría que no se atreve a preguntar por una maldita puerta.

Desvió la mirada hacia la ventana y me pareció que dejó escapar sus recuerdos hasta el último confín. Durante unos segundos me llevó a mis primeros pasos en la universidad, cuando los catedráticos nos miraban con escepticismo al terminar la clase y podíamos leer sus pensamientos: «¿Habrán entendido algo estos mendrugos?». No quise aludir a su obsesiva maldita puerta y volví a insistir en un aspecto recurrente que él negó desde el primer día: los estragos de la soledad.

—¿No ha pensado en tener un perro? Está demostrado que es una buena terapia y...

—Sí —me interrumpió y se dirigió hacia una de las habitaciones que tenía como desvanes. Lo oí trastear un buen rato y regresó con tres fotografías enmarcadas: tres fotografías de tres magníficos pastores alemanes.

—He enterrado bastantes tesoros en mi vida —dijo al tiempo que las fue depositando sobre la mesa—, y ya no quiero enterrar más.

Fue lo único que estuvo dispuesto a compartir con su pasado: sus tres perros.

Me había informado por sus vecinos que desde que llegó, hacía diez años, siempre vivió solo y nadie sabía de ningún pariente que le hubiera visitado alguna vez, ni una conversación en la que se refiriera a algún hermano, sobrino o nieto. Se trataba, como diagnosticó el doctor, de «un genuino Robinson con un par de Viernes: su música y sus libros». No era un caso especial aunque sí el primero de auténtica, sincera y feliz soledad con el que tropecé. A lo largo de mi vida profesional tuve que bregar con unos cuantos falsos Robinsones fáciles de desenmascarar, pero solo me encontré con un caso en el que el paciente planteó la terapia como una partida de ajedrez con su médico. El caso de Pedro el Grande, acabaríamos llamándolo, y he sabido que ha dado lugar a una tesis doctoral sobre los efectos del ejercicio de la siquiatría en los siquiatras. Me hizo un regalo con una condición. Se trataba de un cuaderno de tapas duras que él mismo trasformó en un robusto libro como buen encuadernador que siempre fue antes de exilarse en su isla del cuarto piso cuando se jubiló. Y la condición fue que no podría leerlo ni dejárselo leer a nadie hasta después de su muerte; condición que he respetado.

Últimamente era complicado abrir cuestiones para debate por la carga de recelos mutuos, supongo que debido al cansancio de la relación médico-paciente, que no parecía avanzar en absoluto. Acabamos de aceptar nuestro fracaso con hilaridad intentando romper el muro de desconfianza y nos olvidamos de los rocambolescos rodeos que utilizábamos para plantear algo. Algún tiempo después propuse que nos viéramos una tarde en una terraza. Al aire libre, en un parque, rodeados de gente, árboles y vida. Me dio la impresión de que lo esperaba y bromeó con la idea de presumir de *novia joven* y *sin tapujos* ante sus asilvestrados vecinos, enemigos declarados de su admirado Beethoven. Se compró un puro habano y lo encendió con deleite en cuanto ocupamos la mesa. Había dejado de fumar hacía años, me explicó ante mi sorpresa, pero la ocasión era superior a sus fuerzas y se hacía una concesión como premio a su condición de «exalcohólico anfetamínico».

—Venga, Araceli —me dijo exhibiendo elegantemente el habano—, que vamos a dar que hablar en toda la comarca. Te has puesto muy guapa hoy.

Aquella tarde intercambiamos los papeles y pasé a ser la paciente y él un concienzudo sicólogo, a medio camino entre sacerdote y casamentero, obsesionado en encontrarme novio a toda costa y curarme de mis «perversiones académicas».

—Deja de perseguir a los locos, que no te hemos hecho nada, y búscate un novio.

Le dije que tal vez encontraría novio en la ciudad a la que me iba a trasladar, donde me habían concedido una plaza de siquiatra. Era una oportunidad que no podría desaprovechar aunque estuviera tan lejos de los míos y que vendría a visitarle cada vez que volviera a casa. Se alegró, me felicitó y me habló de aquella ciudad, Tenerife, que conocía por haber vivido allí durante algunos años cuando era joven.

—Te gustará —me animaba mientras poco a poco su gesto se hacía más agrio, y entonces volvió a la maldita puerta. De forma repentina se refirió al «cerebro miserable», «la inteligencia secuestrada», «la penitencia programada», «el martirio creciente», «la espiral de tortura», «la felicidad inconsciente» y otras tantas definiciones que había utilizado en otras ocasiones como preámbulo cuando dejaba caer la idea de una maldita puerta que nunca se iba a abrir.

Sacó un pequeño libro del bolsillo de su americana y buscó una página. El libro estaba forrado con papel de periódico y no pude saber de qué trataba hasta que comenzó a hablar de disposición genética, herencia genética, ácidos nucleicos, aminoácidos, células madre y otras expresiones de biología celular.

—No somos más que el resultado de una mutación natural inacabada —concluyó con gran pesar—. ¿Estás de acuerdo?

—Por supuesto, puro darwinismo; evolucionamos con ritmo…

—Con ritmo geológico; el inmoral e injusto ritmo geológico. Hay un par de genes que cierran la maldita puerta. El destino de la humanidad está en la conservación del ADN hasta que en algún momento ese par de genes se…

—¿Es eso lo que dice ese libro? Parece más un tratado escrito por alguien a quien le faltan dos genes con forma de tornillo para…

Sonrió resignado por la simplicidad de mi réplica a su comentario. Cerró el libro y volvió a guardarlo en el bolsillo. No era difícil ver en su mirada un fondo de decepción por la inoportuna descalificación que hice de aquella especie de catecismo que consultaba puntualmente. No fui capaz de reconducir el desencuentro ni él tampoco dio ninguna señal de retomar el tema. Nos despedimos aquella tarde con algún resquemor no necesariamente más intenso que el de otras ocasiones en las que también discrepamos sobre la incongruente condición humana: «Un ser sociable por naturaleza y con calidad de ser que apetece está condenado a su desaparición», encontré también entre sus escritos.

Aquel fin de semana sufrí el accidente que me ha tenido postrada durante estos dos últimos eternos meses. Cuando Pedro se enteró vino a visitarme inmediatamente y hablamos por última vez porque aquella misma noche sufrió un infarto y murió en el portal de su casa. No llegó a saber que me voy restablecer totalmente aunque me aseguró que así iba a ocurrir; me lo dijo sin mirarme, sin darle importancia. Aún no teníamos una valoración definitiva de la lesión que me había dejado sin sensibilidad en las piernas, y el abuelo Pedro, Pedro el Grande, vestido con sus mejores galas, se presentó con una caja de bombones rellenos de licor y un radiocasete para diagnosticarme una total curación y lo que fue su última disertación sobre la «maldita puerta». Recuerdo que después de hablar un buen rato se levantó y dándome la espalda se quedó pensativo mirando por la ventana unos instantes y murmuró:

—¿Y a quién le importa lo que hay al otro lado de la puerta?

—¿Sigue pensando en ese par de genes que nos abran las puertas del cielo? —le pregunté inconscientemente irónica.

—Sí, pero no nos corresponde a nosotros, Araceli; no pertenece a este tiempo geológico. El nuestro solo tiene el triste y pobre mandato de preservar el ADN y nada más. Serán otros los que abran la puerta cuando llegue el momento.

—¿Y mientras tanto?

—«¡Creced y multiplicaos!» Y tú no te has multiplicado todavía, así que: «¡Levántate y anda!».

No supe reaccionar. Por un lado, después de tantas horas de terapia creí haber roto el yugo que lo mantenía sometido; y por el contrario, ahora le estaba viendo más aferrado a sus estrambóticas verdades. Me sentí mal. De repente toda su serenidad, la seguridad en sus convicciones parecía que se venían abajo. Ya no era el sonriente y orgulloso abuelo disfrutando de la compañía de su nieta como acabé de considerar eran nuestras relaciones. Estaba muy afectado por mi accidente y conmovido ante el aparatoso andamiaje que habían instalado en la habitación para recomponer mi deteriorado esqueleto. Por primera vez le vi dudar, me pareció ver miedo en la mirada durante unos segundos hasta que reaccionó enérgicamente:

—¿Necesitas algo? No me contestes; necesitas salir de aquí lo antes posible y lo vas a hacer por tu propio pie, aquí no pintas nada.

Estaba asustada pero trataba de mantener el tipo. Sé lo que significa «diagnóstico reservado» y, sobre todo, sé interpretar la mirada de los médicos analizando radiografías. Creo que inconscientemente me estaba aferrando a la seguridad que tenía Pedro en mi curación y me sentí ridícula albergando esperanzas cuando en aquellos momentos los «augurios de los brujos» —como llamaba él a las opiniones de los médicos— no eran nada buenos. Todos me animaban cuando mis reflexiones me dejaban la moral por los suelos. Reflexiones que eran solo «malos pensamientos totalmente impropios de una brillante siquiatra» como me censuró mi jefe el día que se presentó acompañado del director del hospital para interesarse personalmente por mi caso. Pero —como solía sentenciar Pedro en nuestras discusiones sobre héroes y villanos— «la china del zapato duele cuando está en tu zapato», y por mucho director de hospital y catedrático que te visite, una «brillante siquiatra» también tiene miedo a enfrentarse al zarpazo brutal de una lesión grave.

Claro que se me pasó por la cabeza tener que vivir en una silla de ruedas para siempre. Desde el primer momento que me hablaron de lesiones importantes en las lumbares lo tuve muy presente. No pude dormir hasta que me administraron calmantes cada vez más potentes que después tuvieron que suprimir cuando no me hacían efecto y me estaban destrozando el hígado. Mis padres continuaban dándome esperanzas. Me llenaron la habitación de imágenes sagradas que en la soledad de la noche me hacían compañía y me ayudaban a reflexionar cuando se me cruzaban los «malos pensamientos».

Pero llegó Pedro. El suicida fracasado, el incondicional de Beethoven; el atormentado por una «maldita puerta» apareció una tarde fuera de las horas de visita con una caja de bombones rellenos de licor y un radiocasete en el que oímos la *Novena sinfonía* cogidos de la mano. Sentí un calor que me llegó hasta los dedos de los pies cuando acababa la obra y lo miré sorprendida. Sonrió, apagó el aparato y sacó su catecismo, su pequeño libro forrado con papel de periódico por el que habíamos discutido. Lo abrió por una parte que tenía señalada con un separador y leyó: «A una señal del cerebro, se activan todas las vísceras y glándulas para generar la sustancia precisa para resolver cualquier problema en tu organismo».

Cerró el libro con displicencia y exclamó:

—¡Cualquier problema, Araceli, cualquier problema!

Estas fueron las últimas palabras que recuerdo de Pedro cuando después de darme un beso de despedida salió de la habitación ocultando el rostro con un pañuelo.

Anoche terminé de leer el libro que tenía reservado y prohibido hasta después de su muerte. Solo puedo decir que tardaré en asimilarlo y que difícilmente dejaré a nadie que lo lea salvo a mis hijos si alguna vez los tengo.

La *Segunda Sinfonía* de Mahler

El jueves, como de costumbre, me reuní con mi gente para ir al Teatro Monumental y disfrutar del ensayo general de la Orquesta de Radiotelevisión Española. Esta vez teníamos la *Segunda sinfonía* de Mahler, obra que nunca había oído y pronto creí percibir algo muy especial a pesar de que, debido a la duración de la obra, el maestro cortó media docena de veces el ensayo y entendí que pasaba por alto demasiadas páginas de la partitura. A la salida coincidimos en que había sido una pena. Las interrupciones habían roto, en efecto, la emoción de varios pasajes y nos quedamos con la miel en los labios. Al ver que no estaban los camiones de Televisión Española en la puerta del teatro, como de costumbre, y en consecuencia parecía que no se iba a grabar el concierto, decidí que al día siguiente acudiría al teatro a la sesión oficial.

Así pues, me presenté en la taquilla a buscar una buena entrada; pero había problemas. Casi todo vendido. Me estaba conformando con una butaca lateralísima allá en la estratosfera, cuando apareció un desesperado que quería devolver a toda costa una butaca de patio en la fila seis. No me fiaba, pero insistió con tanta angustia en la mirada, que le pagué veinte euros por una localidad que resultó de oro. Entré triunfante al teatro. La mitad de la orquesta estaba en el escenario poniendo a punto sus instrumentos mientras el público se acomodaba charlando distendidamente. Me senté en mi butaca y observé que a mi izquierda quedaban cuatro localidades libres y también las cuatro localidades de delante y las cuatro de detrás: una isla de doce butacas libres en el centro del patio de butacas. Estaba claro: doce melómanos que se estaban retrasando.

Cada vez más músicos en el escenario y el aforo prácticamente al completo. Faltaban apenas cinco minutos cuando apareció ella. Vestida con un abrigo elegante de color crema con cuello, solapas y puños de piel de zorro. Llevaba un bolso de cuero y un portafolios también de cuero que dejó sobre una de las butacas vacías al pasar; después se quitó el abrigo y dejó ver un elegante traje pantalón color burdeos. Dobló cuidadosamente el abrigo y lo dejó en otra de las butacas libres al tiempo que me dedicaba una leve sonrisa de salutación que devolví cortésmente.

Apareció en el escenario nuestra amiga Todorova, la concertino, y un minuto después el director, el señor Weller. Comenzaba la ascensión a los cielos. Cerré los ojos, calculo que al octavo compás, porque comencé a sentir la garra en el estómago y no quería perderme ni un silencio de la partitura. No recuerdo en qué momento alguien me rozó suavemente en el brazo y me susurró:

—Por favor, permita que me siente a su lado.

Era la mujer elegante. Se había desplazado hacia mi butaca mientras yo bendecía el talento de Mahler. Las localidades no se habían ocupado. La mujer estaba aislada en el centro del patio de butacas. «¿Quién podría necesitar compañía camino del cielo?», pensé. Le sonreí y volví a cerrar los ojos.

Un atronador «¡bravo!» me bajó a la tierra. Quise aplaudir pero me sobresaltó la imagen de aquella mujer que había gritado «¡bravo!» y que ahora aplaudía llorando emocionada. Me miró un instante y pude notar en sus ojos que la sinfonía la había transportado a otra dimensión.

El pañuelo con el que se enjugaba las lágrimas se le escapó de las manos y vino a caer a mi regazo. Se lo devolví y fue cuando me miró fijamente durante unos eternos segundos de una manera indescriptible. Jamás una mirada me hubiera podido impresionar tanto. Ya no oía los aplausos y los «bravos». Tuvieron que ser segundos; estuve en otro sitio durante unos segundos. Ella cogió el pañuelo al fin y yo entonces pude aplaudir a mis anchas. Para mí eran emociones suficientes y me dispuse a salir por el lado opuesto al de la elegante dama solitaria: me pareció más cortés molestar a las diez personas de mi derecha que robarle un instante de emoción.

—Muchas gracias —me dijo cuando vio que me iba.

¿De nada? ¿Podría contestarle con un de nada? No sabía qué decirle y sólo pude sonreír tratando de resultar comprensivo. ¿Comprensivo de qué? La mente trabaja muy rápidamente y me pude imaginar mil situaciones de aquella mujer pero, en este caso, todas eran agradables. «Nada malo puede salir de donde se oye música», creo que se lee en El Quijote. Así que pude comprender que algo parecido le habría pasado a ella con la sinfonía y no quise darle más trascendencia. Resulté un poco grosero por cualquier lado que se viera. Los de mi derecha, de pie aplaudiendo; yo pasando delante de ellos totalmente insensible a la obra de arte que había resultado la interpretación de la sinfonía; y la mujer, sola, aislada entre doce butacas vacías, enjugándose las lágrimas. Pienso ahora que no estuve muy gentil cuando estaba huyendo de allí —¿estaba huyendo, realmente?—. No me paré a considerar nada de eso porque tenía prisa; eran las nueve y media y me esperaban para cenar. En la calle tropecé con un par de colegas que hacía tiempo no había visto y me detuve un momento hablando con ellos mientras la gente salía en tropel del teatro. Me despedí de ellos y seguí mi camino.

—Muchas gracias, creo que le debo una… —una voz de mujer me estaba hablando a mi espalda.

De nuevo, enfundada en su abrigo crema con cuello y puños de piel de zorro, el portafolios en una mano y el bolso en la otra, pero ahora con unas gafas oscuras —que de noche siempre he asociado a personas sospechosas—, reapareció la dama de la mirada desconcertante. Aquella imagen puso a mis fantasías a tomar revoluciones. Estaba claro: una ejecutiva que había tenido un viernes loco y casi pierde el concierto como el resto de sus once compañeros. Estaba atando cabos: una gran empresa que reserva doce buenas localidades y, por la razón que sea, solo una llega a ocuparse.

—No se preocupe —le respondí—, no debe darme ninguna explicación y, en todo caso, tendría que estar yo agradecido.

—¿Por qué dice eso?

—Mire, hace un rato llegué a una conclusión estúpida y…

—¿Me ha tomado por lo que… parezco?

—¿Cómo? No, por Dios… en ningún caso. Mire, pensé que hay que ser muy inteligente para compartir con alguien un paseo por el cielo. ¿De qué vale tener todo el oro del mundo si no tienes con quién compartirlo?

—Voy hacia el paseo del Prado y tengo un coche esperando. ¿Quiere que le acerque a algún sitio? —me ofreció.

—Gracias. Prefiero callejear un rato. Mahler me ha dejado impresionado y tengo que asimilar la emoción. Ha sido genial, ¿verdad?

—Espere un momento, por favor.

Se acercó hasta un coche y después de hablar un momento con el conductor volvió sobre sus pasos sin dejar ni el portafolios ni su bolso. Me di cuenta de que era un taxi «gran turismo»: un coche de lujo con las placas de «servicio público» que normalmente vemos en la puerta de los grandes hoteles. Y que no soltara el portafolios solo era señal de que llevaba algo importante que no estaba dispuesta a dejar en manos de nadie: otro acicate para mi imaginación.

—Si no le importa —me propuso cuando se acercó de nuevo—, podríamos callejear un rato y hablamos de Mahler. ¿Conocía la sinfonía?

—No. ¿Y usted?

—Esta sinfonía siempre será algo especial para mí —confesó cuando enfilamos la calle del León.

No me había olvidado de mi cita para cenar y calculé que, aun caminando un poco más despacio, llegaría a la hora. Así que paseamos un rato mientras hablamos de la sinfonía, de la interpretación y del gran Gustav Mahler. Conocía la sinfonía como si la hubiera compuesto ella.

—Bueno. Yo me quedo aquí, ha sido usted muy amable conmigo —se despidió cuando llegamos a la puerta del Hotel Palace.

—Ha sido un placer, señora.

—No sabemos ni siquiera nuestros nombres.

—Mejor así, ¿verdad? Resulta más... mágico para una noche mágica.

—Sí. Una noche... mágica que... —Sin verlos supe que sus ojos volvieron a empañarse. Se colocó el bolso en bandolera para extenderme la mano y exudando fatalismo susurró—: ¡Una noche mágica que se acaba! ¡No quiero encerrarme en el hotel, no quiero... no quiero nada, no quiero nada... me voy a volver loca! ¡Dios! ¡Qué estará usted pensando de mí! ¡No tengo ningún derecho a abusar de su paciencia! ¡No sé qué hacer hasta mañana! ¡Quisiera que esta noche pasara igual que el concierto!

—¿Se encuentra bien, quiere que tomemos algo? —le ofrecí al ver su estado de desesperación—. Veo que no ha sido un día muy glorioso a pesar del concierto.

Un poco histérica me estaba pareciendo ahora la señora. Los problemas de alto standing desequilibran más —eso lo tenía aprendido hacía años—, aunque para eso están la sangre fría y los nervios de acero que se les atribuyen a los ejecutivos que se ocupan de altas responsabilidades. Podría tratarse de alguna excéntrica millonaria o una hija de papá o, efectivamente, una directiva de alguna multinacional que había metido la pata hasta el corvejón y estaba a punto del suicidio. ¿Qué otra cosa podría ser?

—Intenté que fuera glorioso —confesó apesadumbrada—. Hablemos un momento más y se me pasará. Es que estoy en Madrid de paso y yo le agradezco que…

Mandé un mensaje a los míos por el móvil diciendo que llegaría en media hora y entramos en el VIPS de la plaza de Neptuno. Pidió una tila y yo una cerveza sin alcohol, no fuera que me confundiera con Bogart. No estaba yo para exhibiciones, y menos después de Mahler. Se quitó las gafas oscuras y fue entonces cuando la vi en toda su plenitud. Efectivamente muy guapa, y absolutamente aferrada a su portafolios puso mi imaginación a prueba otra vez: ¿una ladrona de altos vuelos que llevaba en el portafolios el objeto del robo? ¿Una pandilla de doce ladrones que había dado un golpe y algo les había fallado? ¿Qué habría en el portafolios? ¿Dinero, diamantes, documentos? Me fijé en sus manos mientras bebía su tila. Una alianza matrimonial. Bueno, no tiene por qué significar necesariamente que estuviera casada, podría ser incluso un elemento de camuflaje de su identidad de ladrona.

—¿Habla usted alemán? —me preguntó al ver que yo continuaba estúpidamente callado. Negué con la cabeza y entonces ella musitó:

—*Auferstehn, ja auferstehn wirst du!* «Resucitarás, sí, resucitarás», canta el coro al final. ¿No le parece hermoso?

—Sí. Da ánimos, visto lo que hay.

Rio. De forma espontánea; como si hubiera explotado de una tensión insufrible, no paró de reír hasta que a mí también me contagió al recapacitar sobre el alcance que podría entender yo mismo de mi comentario. ¿Era yo el que tenía que resucitar a la vista de la mujer que tenía delante? ¿Lo habría entendido ella así?

—Mi marido me ha hecho reír mucho con salidas como la suya. Y en un momento… ¿puedo decirle algo? Pensará que estoy loca pero cuando cerró los ojos al inicio del primer movimiento me recordó a mi marido y no pude evitarlo y…

Yo no le dije nada del extraño viaje de segundos que hice cuando le devolví el pañuelo en el teatro y le pregunté:

—¿Dónde está su marido?

—Aquí llevo sus cenizas. —Me señaló al portafolios.

Tragué saliva y esperé a que continuara explicándome todo aquello. Abrió el portafolios, que había puesto a su lado, y me mostró una curiosa urna de porcelana con forma de copa plana perfectamente encajada. La acarició y volvió a cerrarlo.

—Esta sinfonía es nuestra sinfonía. Mi marido me la descubrió cuando nos conocimos y durante diez años hemos viajado a cualquier parte del mundo donde la interpretaran. Era nuestro regalo de aniversario: oír juntos la *Segunda sinfonía* de Mahler, aislados, sin nadie cerca por ninguna parte. ¿Le parece una frivolidad, un capricho de ricos? Este viaje estaba programado desde el pasado otoño, pero murió antes de ayer y esta mañana lo incineramos en Fráncfort. Después todo ha sido correr para no llegar tarde, me hizo jurar que viniera al concierto porque…

Se detuvo y desvió la mirada con una mueca de reprobación. No se atrevía a confesar algo que en aquellas circunstancias supongo que a nadie se le hubiera ocurrido insistir. Encendió un cigarrillo y aspiró profundamente sopesando qué actitud tomar después de lo que parecía había sido un involuntario y desafortunado comentario. Yo tampoco sabía cómo salir del aprieto y entonces volvió a abrir el portafolios, puso la mano sobre la copa plana de porcelana y evitando un sollozo susurró:

—Lo he cumplido, querido.

Cerró el portafolios, apagó el cigarrillo con decisión y sin mirarme se preguntó:

—¿Me habré vuelto loca?

—¿Se encuentra bien? —me adelanté a lo que parecía otra crisis.

—Le aseguro que no soy una histérica aunque ningún loco reconozca su locura. Usted es una persona que puede entender cosas como esta: mi marido estaba convencido de que el espíritu de un hombre permanece en esta dimensión durante un día después de muerto; el tiempo que tardan en determinar su ubicación hasta el día de la resurrección, y te envían un emisario. Por eso estoy aquí y gracias a usted tengo un poco de sosiego hasta mañana que vuelvo a Alemania a primera hora y entonces...

—¿Tiene usted hijos? —le pregunté cuando se quedó callada.

Recobró la sonrisa y abrió el bolso. Sacó una cartera y me mostró una fotografía de dos niñas.

—La mayor se llama como yo.

—No, por favor, no me diga el nombre de sus hijas.

—Pero, ¿por qué?

—Porque es mejor así. Siento mucho lo de su marido y creo que debió ser una gran persona.

—Sí. Un gran compañero de viaje que me ha dejado tirada.

—No piense eso. No puede...

—Perdóneme, no tengo ningún derecho a hablarle así.

—Me hubiera gustado conocer a su marido.

—¿Y no quiere saber cómo me llamo? —Sonrió levemente y añadió—: No le voy a preguntar su nombre.

Hablamos un buen rato y volví a acompañarla hasta la puerta del Palace. Insistió en saber mi nombre y no pude negarme, pero me negué a que ella me dijera el suyo. Cuando llegué a casa los míos me abroncaron adecuadamente pero me dejaron cenar cuando les conté lo que había pasado. Ya de madrugada me levanté y consulté en Internet sobre los vuelos a Alemania del día siguiente El sábado a primera hora solo había uno a las ocho y veinte desde la T4. Y efectivamente, con su inseparable portafolios, la vi cruzar la puerta de control de equipajes escondido como un imbécil. Fui a la cafetería a mirar por el ventanal cómo salían y entraban los aviones. No sabía cuál de todos ellos era el que volaba a Alemania, pero me imaginé que entre la media docena que despegaron en menos de veinte minutos, en alguno iría ella de vuelta a casa.

Bien, pues, era verdad, se acabó la magia, pensé. En ese momento los altavoces de la terminal se interesaban por don Héctor Mahler. ¡¡Qué casualidad!! En el mostrador de embarque de Iberia reclamaban a un tal Héctor Mahler. Yo solo me llamo Héctor pero la imaginación no paraba de aguijonearme y fui a ver:

—Me llamo Héctor, pero no me apellido Mahler y quizá…

—Sí, dijeron que posiblemente era otro apellido, pero —leyó algo en una nota adherida al sobre—, ¿tiene usted algo que ver con una sinfonía de Mahler?

—Sí, con la segunda.

—Pues entonces esto es suyo.

Abrí el sobre y me encontré con la fotografía de un hombre. Al dorso habían escrito: «Querido emisario: este es el hombre que me hacía reír y cuyo espíritu ya se ha ido definiti-vamente. *Auferstehn, ja auferstehn wirst du.* Muchas gracias».

Miré la fotografía y recordé al instante aquella cara: era la del desesperado de mirada angustiosa que me vendió la entrada. Volví a oír sus palabras: «El espíritu de un hombre permanece en esta dimensión durante un día después de muerto», y me había llamado «querido emisario».

Me puse a escribir, esto tenía que contarlo.

Sierra Leona

En Sierra Leona surgió el horror hace algunos unos años dejando una huella que permanecerá imborrable en la conciencia de cualquier bien nacido. Ha pasado el tiempo y ahora sería pertinente consultar mapas, ver en qué parte del mundo está, sus ciudades, sus ríos, sus fronteras; y buscar imágenes de sus paisajes para vivir más de cerca esta historia. Cómo llegué allí es algo que algún día tendré que contar. Digamos que fui al infierno para asegurarme de que existía. Y tuve mi premio. Quizás el mejor que nadie me pude conceder: un espejo en el que mirarme. Para ver bien de qué estás rodeado hay que alejarse. Los místicos, los ermitaños, los yoguis, se aíslan y concentran sus esfuerzos para distanciarse de lo mundanal y tratar de aproximarse a lo que verdaderamente vale la pena, pero no es de eso de lo que hoy quisiera hablar.

Llevo tatuado en el pecho, cerca del corazón, una hoja de arce y el nombre Natalie, en recuerdo de una monja canadiense que me reconcilió con el género humano y que estará siempre en mi recuerdo. Apareció en medio de la carretera entre una densa polvareda marrón, delante del todoterreno de una ONG que me había recogido varios kilómetros antes, en Bo, una de las ciudades importantes del país. No era muy difícil desplazarse entonces. Siempre había algún vehículo militar o algún granjero desesperado dispuesto a llevarte camino adelante por aquellas interminables carreteras sin asfaltar. Un pañuelo le cubría la nariz y la boca de la nube de polvo que habían levantado varios camiones que se incorporaron por delante de nosotros en un cruce de aquellos impenitentes caminos de tierra; y con unas gafas de campaña, que debieron ser de la primera guerra mundial, se protegía los ojos mientras gritaba y agitaba los brazos avanzando hacia nosotros arrastrando una pierna hasta que se desplomó en medio del camino. Los cooperantes saltaron del coche de manera instintiva y yo tras ellos; al quitarle el pañuelo y las gafas nos dimos cuenta de que no era un muchacho como habíamos pensado, sino una mujer, una pequeña mujer de aspecto frágil. Uno de los cooperantes la cogió en brazos y la llevó hasta el coche. La tendieron en una camilla y trataron de hacerle beber agua. Abrió los ojos y comenzó a pronunciar un nombre de forma insistente y angustiosa: «¡Martin, Martin!». Trataba de incorporarse señalando con la mano hacia la carretera. Fue suficiente para que otro de los voluntarios se fuera a todo correr en aquella dirección hasta que recostado sobre unos arbustos en la cuneta, el rostro desfigurado y las rodillas y los tobillos machacados, apareció Martin, un nativo corpulento semidesnudo. Llevamos a los heridos a un dispensario a varios kilómetros más al sur y los cooperantes reanudaron su camino.

—Algo habitual —me dijeron fríamente cuando me despedí de ellos—; es la forma en la que dejan a algunos rehenes para pedir un rescate por el resto.

Martin fue trasladado a Bo, pues necesitaba ser operado, y yo me quedé ayudando en el dispensario a un médico compatriota —un riojano en el exilio como se definió él mismo—, que necesitaba con urgencia a alguien que le ayudara a montar una veintena de literas que le acababa de entregar la UNICEF. Ella no había sufrido ninguna fractura y, según me aclaró el médico al día siguiente, la habían violado antes de arrojarla de un camión en marcha junto a Martin, al que habían apaleado brutalmente. No quiso que la trasladaran y fue suficiente inmovilizarle una pierna durante dos semanas para que, aún con una rodilla dolorosamente magullada, se empeñara en volver a su trabajo.

Allí supe que era una monja canadiense, que se llamaba Natalie Rolland y que era terca como una mula. La oí discutir varias veces con el médico de forma cada vez más acalorada conforme pasaban los días, y me dio la impresión de que se conocían bastante bien. Ella quería volver y negociar con los secuestradores el rescate de tres niños, los hijos de Martin, su ayudante en la misión, aun sabiendo que no contaría con ayuda de nadie. Pretendía ir hasta su misión y recoger algún material médico que pudiera interesar a los bandidos. Aquella diminuta monja con el coraje de un tigre, sola, en un país donde la crueldad era el oxígeno, no tenía dudas a la hora de volver a enfrentarse a la barbarie. Hablé con el riojano y me confirmó que nadie iba a comprometerse en ninguna operación de rescate a unos niños que acaso ya estuvieran muertos. No convencido con su impasible resignación, traté de entenderme con varias patrullas que aparecieron por allí y, aunque no llegué a saber si eran militares leales, sublevados o guerrilleros convertidos en bandidos, efectivamente, ninguno quiso saber nada de unos niños secuestrados.

Natalie preparó un petate con provisiones y algunos analgésicos y subió al primer vehículo que se dirigía hacia el norte. Un día después salí tras ella: el tiempo que tardé en darme cuenta de lo miserable que soy. Y tuve suerte, la encontré en una aldea en la que me había contado estaba su misión y donde decían que llevaba en Sierra Leona tantos años como para perderle el miedo al mismísimo diablo.

—El acero se templa a golpes, *mon ami* —me dijo entre risas una noche en que el ruido lejano de las ametralladoras me llevó a pensar que estábamos de verdad en alguna parte susceptible de no ser arrasada por el ángel exterminador. Quise convencerla de que esperáramos a encontrar ayuda y no seguir adelante en su propósito de cruzar el río Moa que marcaba el límite de la zona controlada por los guerrilleros. Pero fue en vano.

—Nadie nos ayudará —se cansó de decirme—, los soldados tienen otros problemas.

Me habló de Martin. Volvería a Bo a buscarle en cuanto recuperara a sus hijos. Los bandidos se habían quedado con sus pequeños después de asesinar a la madre cuando se cansaron de violarla delante de todos. «Volveré con tus hijos», le había prometido a Martin cuando le trasladaron a Bo.

Al día siguiente nos cruzó el rio una patrulla del ejército con la que Natalie se despachó a su gusto no sin antes tener que ceder al trueque de un par de paquetes de mis cigarrillos por un machete que me ofrecieron insistentemente los soldados. Ella parecía disfrutar de mis temores a cada paso que dábamos adentrándonos por estrechas veredas sin dejar de advertirme sobre plantas carnívoras y raros insectos «mortalmente venenosos y ávidos de piel blanca». Conocía bien el terreno porque el cauce del río, desde la frontera con Liberia y la paradisíaca isla de Twi, había sido su centro de trabajo desde antes del inicio de aquella guerra que ya duraba diez años: no necesitaba ningún mapa. Y a cada pregunta que yo le hacía no paraba de bromear con peligros inexistentes:

—En esta zona nos puede comer un leopardo y más adelante un hipopótamo; y cuidado con los babuinos: si tenemos suerte solo nos sacarán los ojos, *mon ami*.

A mí no me hacía mucha gracia pero después de dos días de marcha, me acostumbré y dejó de incordiarme. Nos cruzábamos con gente procedente del norte que, acarreando sus cuatro cachivaches, huía despavorida gritando para que diéramos media vuelta. Natalie les contestaba tranquilizándoles y animándoles a seguir caminando sin descanso hasta cruzar el río.

Entramos en un pequeño poblado en el que seguramente vivían los que nos habíamos encontrado horas antes. No había nadie más. Todo estaba intacto, las chozas, las cercas; ni un rescoldo. Tan solo un silencio angustioso y el graznido estridente de algún pájaro. Como si hubiera presentido algo, Natalie entró en una de las chozas con mucho sigilo y me hizo una seña para que me quedara quieto en mi sitio. Fueron unos segundos que me helaron la sangre hasta que salió de la choza y me urgió para que me acercara. Un soldado herido se había escondido allí y fueron sus agonizantes quejidos, que percibió Natalie, los que seguramente le salvaron la vida. No era más que un adolescente con una brecha en la cabeza que dejaba al aire la víscera cerebral y que me hizo cerrar los ojos con fuerza ante aquella terrible herida. Natalie había sacado de su mochila una linterna y unas pinzas. No quería mover al herido pero no tuvimos más remedio que alejarlo de la choza para «examinar la brecha a la luz del día y buscar alguna esquirla del cráneo clavada en el cerebro», me aclaró sin pestañear. «Que Dios no me conceda lo que pueda soportar», le oí decir a una abuela cuando era niño. Ahora lo entendía perfectamente.

Suelo ser un tanto frío para cuestiones escabrosas de quirófano porque me vacuné tras varias pasadas por la UVI a lo largo de mi vida, pero no pensé que sería capaz de estar en mitad de la selva ayudando a una intrépida monja a recomponer un cráneo con unos rollos de gasas fijadas al cuero cabelludo con esparadrapo y un vendaje reforzado con un casco que fabricó hábilmente con la corteza de un árbol. Natalie le dio una pastilla al pobre muchacho, que se durmió plácidamente cuando anochecía. Nos dispusimos a pasar la noche allí mismo y preparé mis utensilios para el té, de los que nunca me desprendo, al igual que de mi cargamento de cigarrillos. Velamos al herido mientras estudiamos las alternativas ante aquel imprevisto. Ella no se había repuesto absolutamente de su lesión de rodilla y comenzaba a cojear cada vez de forma más acusada aunque ello no impedía que estuviera dispuesta a reanudar el camino en cualquier momento. Pero ahora teníamos un problema añadido: no sabíamos si el herido podría caminar. Esperaríamos hasta el día siguiente y en función de su estado decidiríamos.

El muchacho resultó ser un malinké, uno de los dieciocho grupos étnicos del país, y sintió pánico cuando Natalie le dijo que lo mejor era volver al sur para que lo curaran. Sacó fuerzas del miedo y, aunque tambaleante, se sumó al grupo hacia el norte. Éramos tres. Tenía un nombre que resultaba gracioso cuando lo pronunciaba Natalie. Sonaba algo así como Bobosingó y nunca supe si no fuera cosa de su macabro sentido del humor. También era un buen conocedor de la zona y lo rebauticé con Natalio, lo que al menos sirvió para que nos relajáramos los tres lo que duró la jornada hasta que llegamos a una poblado abandonado, a pocos kilómetros del campamento de los bandidos en el que esperábamos encontrar a los hijos de Martin. No tardamos en habilitar un «confortable rincón» en el que pasar la noche.

Natalie y Natalio hablaban en otro idioma, el krio, y yo trataba de entender lo que estaban discutiendo con tanta vehemencia. No estaban muy de acuerdo y no paraban de discutir cada vez más acalorados. Natalio entrelazaba las manos sobre su cabeza constantemente como si quisiera hacer notar su condición de herido que no parecía impresionarle mucho a ella. Aquel rifirrafe pasó a ser una riña en toda regla con gritos y más que un golpe de desahogo contra un árbol que Natalio descargaba con furia ante la imperturbable Natalie que, lejos de amedrentarse por los que eran sin duda exabruptos de «arte mayor», le advertía de que se le iban a salir los sesos por la brecha si seguía gritando de aquella manera. No llegó la sangre al río y luego me enteraría de que todo fue a consecuencia de los niños. Cuando Natalio se enteró de lo que pretendíamos hacer, no podía creerlo; se puso histérico y me gritaba como un loco pidiéndome ayuda ante la actitud inflexible de Natalie de seguir adelante. Hablé con ella y decidimos que el muchacho no estaba en condiciones de continuar; tendríamos que desviarnos unos kilómetros y dejarlo en un dispensario que ella consideró el más idóneo por no estar en el ámbito de influencia de ninguna tribu demasiado hostil a los malinké. Era solo cuestión de cuatro horas, se animaba ella misma, y de paso revisaría también su rodilla, repondríamos el botiquín por lo que pudiéramos encontrarnos y descansaríamos mejor de cara a la jornada del día siguiente.

Hubo suerte y allí continuaba —aunque algo maltrecho—, un sucedáneo de hospital de campaña donde una media docena de voluntarios conocía de sobra a la pequeña monja, a la que recibieron con alegría y preocupación al verla aparecer cojeando penosamente apoyándose en unas rudimentarias muletas que había improvisado Natalio con mucha inspiración. No era un paraje tranquilizador, si es que pudiera serlo algún escenario bélico. Y menos en una guerra civil en la que, más que dos bandos, lo que había eran cien tribus destripándose mutuamente. Pero pudimos descansar en literas, comer en una mesa, dejar a Natalio atendido e informarnos a conciencia sobre los movimientos de guerrilleros por la zona. Me resultó poco convincente la confianza que me querían transmitir por el hecho de ser blancos a la hora de adentrarnos al día siguiente en una zona verdaderamente peligrosa. Natalie cargaba con la abominable experiencia de que no fue ninguna garantía el color de su piel.

El jefe del centro, un médico egipcio que apareció a primera hora del día siguiente, examinó el cráneo de Natalio: no era posible reducir la brecha sin una cirugía que no estaba a su alcance y que requería o un injerto de hueso que habría que extirpar de alguna parte, o una prótesis que cerrara el hueso occipital. Habría que trasladarle algún hospital y había dos opciones: hacia el sur, a Bo, o cruzar la frontera con Guinea, donde había un importante puesto de la Cruz Roja. Él decidiría en función del transporte que pudiera conseguir.

Natalie no perdía la sonrisa nunca. Se escondía cuando ingería unas pastillas que presumiblemente eran calmantes para su dolor de rodilla. Tenía cierta tendencia a examinar la lengua y la conjuntiva de los ojos a cualquiera que se le acercara a preguntarle algo, y solía despedirles con una caricia en la nariz aunque tuviera que estirarse para hacerlo. En el poco tiempo que pasamos en aquel dispensario tuvo ocasión de atender a los dolores de estómago de unos cuantos y de suturar un par de heridas en las piernas de un joven futbolista aguerrido. Se me hacía increíble admitir que alguien pudiera jugar al fútbol con un ruido de fondo de explosiones y ráfagas de ametralladoras. «Que la guerra no me haga indiferente», dice la canción. ¡Y qué sensación cuando descubres que eres capaz de disfrutar de una taza de té mientras comentas sobre una amputación brutal o sobre la carnicería en el poblado por el que pasaste hacía una semana! Y aun así, el médico egipcio imploró a Osiris cuando se enteró de lo que pretendíamos hacer.

Y llegó la prueba de fuego para mí. Ella solo pensaba en que apenas le quedaban analgésicos para su rodilla y que tampoco el egipcio estaba en disposición de suministrarle más. Abandonamos la carretera de tierra para atajar por un sendero que frecuentemente aparecía y desaparecía engullido por la vegetación. Pisar se me hacía angustioso y no precisamente por mi respeto a la flora, que nunca antes había llegado a odiar como entonces, sino por la amenazante serpiente colgada de algún árbol o al acecho bajo cualquier hojarasca. Natalie decía que le vendría bien cazar un par de ellas de color amarillo para utilizar su veneno como calmante y luego asarlas para cenar. A mí me llevaban los diablos su sentido del humor y entonces me recordaba a los babuinos sacaojos.

El sonido de un disparo nos dejó clavados en el suelo. Los dos escuchamos perfectamente el silbido y el golpe seco del proyectil sobre el tronco del árbol que teníamos enfrente; era evidente que nos habían disparado desde atrás. Nos volvimos, y nada; ni el menor movimiento, todo en calma; salvo la brisa, que si hasta aquel momento era lo más agradable del camino, después del disparo se transformó en una bocanada de calor asfixiante. Natalie se quitó la mochila y me dijo que hiciera lo mismo y continuara caminando sin hacer caso al disparo de advertencia: se trataba de mostrar las camisetas que llevábamos puestas con el logotipo de la ONG que el egipcio recomendó que nos pusiéramos. Y no hubo más disparos pero aumentaron los ruidos a nuestra espalda. Alguien nos seguía. Ella me mostró dos dedos para indicarme que llevábamos una pareja de escolta, y la mente se me revolucionó al instante: si nos quisieran matar ya lo habrían hecho y si no lo hicieron es porque les éramos más rentables estando vivos; no cabe otra cosa en situaciones extremas: lo que no es bueno para tus intereses perjudica a tus intereses, no hay nada inocuo en una guerra.

Pronto salimos de dudas aunque sospecho que Natalie sabía a qué nos íbamos a enfrentar. Una voz enérgica surgió de la espesura y ella me miró frunciendo el ceño en un gesto que me inspiró confianza. Dejó la mochila en el suelo y levantó los brazos mostrando las palmas de las manos. Yo hice lo mismo y allí, paralizados, esperamos a que alguien apareciera. Segundos después un soldado con dos cintas de balas cruzando el pecho y empuñando un arma que debía pesar veinte kilos se acercaba sin quitarnos la vista de encima. Natalie me susurró que era un soldado del ejército leal al Gobierno, lo que tampoco era un consuelo pero, en cualquier caso, preferible a un descontrolado mercenario liberiano o un bandido. No había peligro salvo si la «pareja de escolta» fuera de otro bando: solo faltaba que nos encontráramos entre dos fuegos para empezar el día. Otra vez la mente a hervir: un militar que te dé el alto a gritos después de oírse un disparo es porque controla la zona y en consecuencia la «escolta» debería ser de los suyos. Pero tampoco se ajustaba perfectamente la suposición a una situación de guerra porque también podrían ser del bando contrario y que estuvieran entonces sopesando las posibilidades de ataque. ¿Por qué no aparecían los que venían detrás si ya nos habían detenido? Yo miraba a todas partes mientras el soldado continuaba aproximándose apuntándonos con su imponente arma y reclamándome el machete con ademanes muy bruscos y gritando como un energúmeno.

Tras él apareció otro con varios galones sobre sus hombreras que solo esgrimía un transmisor al que estuvo gritando de forma enérgica hasta que terminó de examinar nuestras mochilas. Natalie hablaba con él explicando cada pertenencia y me pareció entender que le dijo que yo no hablaba el krio, que era un trabajador de la ONG que acababa de llegar al país y que no era médico, como insistía aquel militar tan nervioso y tan histérico como el otro.

Poco rato después del registro me dejó de preocupar la presencia de los soldados, más que nada porque nos devolvieron las mochilas y nos condujeron con más afabilidad hasta un montículo en el que habían instalado un campamento con un par de camiones bajo una enorme carpa de camuflaje. Habría unos treinta soldados, los que conté diseminados por el recinto descansando a la sombra o ruidosamente bromeando sin importarles mucho nuestra presencia. Me olvidé por completo de la escolta que nos disparó y creo que Natalie ni siquiera se lo comentó al oficial que estaba al frente del destacamento. Le explicó el motivo de nuestro viaje y él nos puso al corriente: no quedaba nada del refugio de los bandidos al que nos dirigíamos. Hubo un ataque y acabaron con ellos la noche anterior. No vieron a ningún niño ni a nadie que estuviera secuestrado. Natalie no quería admitirlo y entonces le dijo que nos habían disparado hacía un rato y que podrían haber sido los secuestradores a la espera del rescate. El oficial fue contundente: nos llevó hasta uno de los camiones y nos mostró los cadáveres amontonados de los bandidos. No fue suficiente para Natalie aunque reconoció entre los muertos a varios de los secuestradores. Debió ver el miedo en mi mirada y me dijo que me quedara con los militares porque ella iría de cualquier forma hasta el campamento aunque ya estuviera arrasado, como nos aseguró el capitán. Insistió en que los niños y varias mujeres podrían estar aún vivas porque sabía dónde estaban y que ella misma estuvo encerrada en una cueva excavada fuera del campamento, pero el oficial no quiso escucharla y nos ofreció llevarnos de vuelta hacia el sur. Yo sabía que Natalie no aceptaría y que me arrastraría a mí detrás. Nos despedimos del capitán con un cargamento de analgésicos que nos proporcionaron a regañadientes y me devolvieron el machete que nos habían requisado. Proseguimos el camino hacia el norte.

Habían dejado de oírse los lejanos tableteos que ya formaban parte del paisaje como el color verde y los murmullos de la selva. Me di cuenta de que acomodarse a un ambiente es solo cuestión de que no te duela otra cosa, y a mí me estaba dejando de doler todo lo que había vivido hasta aquel preciso momento en el que me vi al lado de una aparentemente frágil mujer con la fuerza de un coloso que, desde sus inmensos ojos azules, me estaba insuflando ánimos para seguir buscando a unos niños que me resultaban tan ajenos como el último planeta de la última galaxia.

A media tarde llegamos, al fin, después de una larga caminata entre la exuberante vegetación sin apenas alzar la voz para no despertar a ningún «bicho venenoso». Ella estaba angustiada por primera vez y yo sentí un vacío en el estómago cuando, tras cruzar los restos de una cerca, se abrió ante nosotros un panorama espeluznante. Natalie buscaba afanosamente algo entre las chozas que aún quedaban en pie, pero no vimos más que huellas de sangre por todas partes mientras atravesamos la explanada central de aquel poblado fantasma y nos adentramos de nuevo en la espesura. A pocos metros se detuvo entre dos árboles y se agachó para mostrarme una trampilla en el suelo cubierta con ramas y raíces. La levantamos con mucha dificultad mientras me preguntaba cómo la habría levantado ella si hubiera estado sola. Encendió la linterna y enfocó hacia la oscuridad de la cueva llamando a gritos a los niños. Comencé a oír sollozos que venían de abajo, primero casi imperceptibles y después una algarabía angustiosa. Natalie miró a su alrededor buscando algo con desesperación.

Entendí que necesitábamos algo para bajar, algo consistente y suficientemente largo para los dos metros de profundidad que calculo tendría aquel zulo; una cuerda o una escalera es lo que debía buscar Natalie con tanta desazón entre las chozas. Lo solucionamos con un par de gruesas ramas por las que bajó ella porque, muy acertada, consideró que los niños la conocían y yo, por muy blanco que fuera, no dejaba de ser un extraño que podría provocar más pánico en los pequeños.

Comenzaron a subir niños, no solo los tres que buscábamos sino unos cuantos más. Conté hasta diez tras los que aparecieron también tres mujeres que tuve que sacar tirando de ellas con todas mis fuerzas y que apenas podían mantenerse en pie. Entonces me dijo que bajara yo también para enseñarme lo que era realmente la cueva: un polvorín. Había un verdadero arsenal que los soldados no supieron encontrar y que ahora se convertía en un peligro que nos obligaba a alejarnos de allí inmediatamente por la posibilidad cierta de que los bandidos intentaran recuperarlo. Fuimos hasta un riachuelo y Natalie ordenó a los niños que se lavaran mientras atendía a las mujeres de heridas en las plantas de los pies que les habrían provocado para que no pudieran escapar. Ninguna se quejaba. No sentían dolor pero las vendaba con cuidado mientras las hablaba animándolas por el fin de su calvario. No fui consciente en aquellos momentos de la gran dificultad de llevar a los niños y a las tres mujeres heridas hasta el río con Natalie simulando con su eterna sonrisa las muecas de dolor por su rodilla dislocada.

Anochecía y pensé que lo mejor sería que yo regresara a pedir ayuda a los soldados mientras ellos se escondían en otra parte, pero ninguno de los niños quería quedarse allí y preferían caminar en la oscuridad. Natalie sabía tratar a los niños y los convenció para adecentar una de las chozas donde pasar la noche mientras les hacía cantar y trataba de distraerles del hambre y el miedo. Y también me convenció de que era mejor esperar al día siguiente para buscar ayuda y no intentar hacerlo de noche para perderme y «tropezar con algún babuino insomne». Salí de la choza a fumar un cigarrillo y poco después salió ella también para compartir unos momentos de calma tras aquella jornada infernal. Bajo la luz intensa de una luna brillante, la misma luna que mucha gente estaría viendo en aquellos momentos desde mil sitios alejados del vertedero del infierno, me pidió un cigarrillo que encendió con deleite. No sabía que fumaba y entendí en su mirada que me pedía algunos más para otra ocasión que agradeció con un elegante merci. Me preguntó con algo de sorna si sabía hacer fuego con dos palos para insinuarme que también necesitaba cerillas. Se las di y estuve un rato intentando encender fuego con dos palos mientras ella se reía con ganas. Nunca me había visto en una situación tan desesperada y me estaba riendo a carcajadas en mitad de la selva en compañía de diez niños ateridos, tres mujeres inválidas y una monja que salvo valor y una rodilla lesionada no tenía otra cosa. Me hizo un gesto de que se alejaba momentáneamente y entendí adónde iba. Entré en la choza y volví a percibir el miedo en todos aquellos infelices que difícilmente podrían estar durmiendo por mucho que cerraron los ojos. No decían nada y, conjurando su miedo, comenzaron a susurrar un soniquete monótono que se repetía una y otra vez y que días más tarde me enteraría que contaba la historia de un cachorro de leopardo que se perdió en la selva.

Me dormí con aquella nana hasta que una explosión hizo vibrar el suelo. Todos se asustaron y salí de la choza. Natalie no estaba y comencé a llamarla a gritos. Los niños y las mujeres también salieron y arremolinados también gritaron su nombre.

—¡Estoy aquí! —apareció tras otra choza.

Se acercó cojeando y ya juntos estuvimos durante algún rato presenciando la explosión del polvorín. La miré con inquietud y ella me mostró las cerillas que le había dado. Efectivamente había encontrado la manera de pedir ayuda: una gran explosión en la selva durante la noche era el mejor reclamo para que alguien acudiera al día siguiente a investigar. En cuanto amaneciera habría más soldados que en un desfile, comentó mientras su cara se iluminaba con las explosiones como en una noche de fuegos artificiales. Y así ocurrió. Aún no había amanecido cuando oímos el motor de un helicóptero. Salimos al centro del poblado para hacer señales con cualquier cosa que tuviéramos a mano. El aparato dio una vuelta y se disponía a aterrizar cuando oímos el sonido de una ametralladora. Volvió a elevarse y comenzó a disparar a su vez hasta que cesó la ráfaga y pudo aterrizar definitivamente. Era un viejo aparato del que descendió rápidamente media docena de soldados para ayudarnos a salir de allí. El que estaba al mando preguntó si estábamos todos a bordo y fue cuando una de las mujeres se alarmó por la falta de uno de los pequeños. Se había quedado dentro de la choza, seguramente dormido. Fui corriendo hacia allí con dos de los soldados cuando volvió a sonar la ametralladora y oí los silbidos de los proyectiles a mi alrededor. Los soldados regresaron al helicóptero a una orden de su comandante y yo continué hasta la choza: allí no estaba el niño. Les hice gestos indicándoles de que no lo veía y corrí también hacia el helicóptero, que comenzaba a elevarse con un ruido ensordecedor que apenas tapaba el sonido de la incansable ametralladora. No llegaría a tiempo y solo esperaba poder agarrarme a una de las barras inferiores en la panza del aparato y confiar en que no me dieran un tiro. Salté pero no llegué ni a rozarla. El polvo levantado por las aspas del helicóptero me cegó por un momento y de entre el tronar del aparato y el ruido del intercambio de ráfagas surgió de nuevo la voz de Natalie. Otra vez la imagen de la pequeña monja surgiendo entre el polvo denso y marrón gritándome para que corriera hacia la maleza mientras el helicóptero nos cubría desde el aire. Cesó el tableteo pero no nos movimos de nuestro sitio. Natalie se masajeaba su rodilla dolorida. ¡A saber desde qué altura saltó del helicóptero! Tendríamos que encontrar al niño y volver andando porque no vendrían a rescatarnos. Revisamos las chozas buscando al niño sin hacer ruido porque no estábamos seguros de que los que nos habían disparado estuvieran todavía por allí. En todo caso no saldríamos a la explanada a comprobarlo a no ser que volviera el helicóptero. Pero el ruido del motor acabó por desvanecerse en la distancia.

Encontramos al niño, inconsciente, con un agujero de bala en la espalda que le había salida por la axila provocándole una herida monstruosa. Las mochilas se quedaron en el helicóptero y no teníamos nada con lo que ni siquiera vendarlo. Usamos mi camisa y fuimos a toda prisa hacia el río que los bandidos no cruzarían nunca a pleno sol. Chapoteábamos en el agua empujando una pequeña balsa que improvisé a machetazos con ramas y tumbamos al niño para cruzar el río. Pero de nuevo sonó la ráfaga. Nos habían seguido. No tenía ningún sentido; no éramos ningún peligro salvo un «excelente lote de rehenes blancos», como me recordaba con sus sempiternas ganas de incordiarme mientras me animaba para que palmoteara con más bríos:

—*Allez, allez, mon ami! Vous avez une style magnifique!*

Apenas unos cuarenta metros de anchura y una ligera corriente que nos podría llevar a la otra orilla sin mucho esfuerzo pero que me resultaron eternos hasta que me pareció ver algún movimiento en la otra orilla y, segundos después, el inconfundible sonido hueco de un mortero que acabó con el angustioso tableteo y los silbidos a nuestro alrededor: soldados nigerianos con cascos azules de la ONU nos libraron del acoso. Nos atendieron rápidamente pero era muy tarde para el niño. Los soldados se llevaron el cadáver del pequeño y un sanitario se ocupó de suturar a Natalie varios cortes que se había hecho en los brazos forcejeando con la balsa de ramas. Mi única pérdida fue una bota, algo que tuvo rápida solución cuando al día siguiente nos llevaron al dispensario del egipcio porque la rodilla de Natalie presentaba un aspecto más que preocupante.

Natalio no estaba allí. Lo habían trasladado a Freetown, donde tratarían de recomponerle el cráneo. Solo faltaba averiguar dónde habrían enviado a los hijos de Martin para dar por terminada la pesadilla. Pude «descansar» varios días ocupándome de cualquier cosa que me pidieran: descargar y cargar provisiones, cambiar una rueda, ¡malditos pinchazos!, hacer el payaso para entretener a unos cuantos niños que estaban allí convalecientes, y soportar los gritos de ánimo y sorna de Natalie, *«allez, allez, mon ami!»*, pasándoselo en grande cuando me veía sudar la gota gorda quejándome de mi dolor de riñones acarreando tablones mientras vociferaba con bastante mala leche: *«Que vive l'Espagne!»*

Tuve también que acompañar al egipcio a un campamento de refugiados en la frontera con Guinea transportando material médico en un viaje de cuatro días y a la vuelta ya no encontré a Natalie. La habían trasladado a un hospital en la capital porque la rodilla no podía esperar y yo aún pasé allí dos semanas más aprendiendo a suturar heridas y a preparar papillas para bebés desnutridos. Aquella experiencia debía tener fin y pensé en volver a casa con los míos y continuar con mi vida. Todas aquellas personas eran de otra dimensión y yo al menos intenté estar a su altura con dignidad. Pero debía volver con los míos. De repente sentí la necesidad de volver a verles. Días después llegué a Freetown y fui al hospital en el que habían ingresado a Natalie; pensé que aún estaría allí reponiéndose, pero me dijeron que había vuelto a Canadá: su operación no salió bien y regresó a su país. No pude despedirme de aquella mujer como me hubiera gustado y casi lo agradecí: no hubiera sabido qué decirle.

Pasé varios días en la capital hasta que encontré un vuelo de vuelta. Dejé de oír la «voz» de la selva pero tampoco me tranquilizaba. Se oían de vez en cuando estruendos muy lejanos mas en la gente no se atisbaba un mínimo gesto de preocupación. Las calles quedaban desiertas al caer la tarde y solo los coches de las patrullas militares aparecían de vez en cuando. Coincidí en el hotel con varios periodistas de una cadena de televisión americana y con un par de jóvenes extravagantes turistas ingleses interesados en «ver de cerca una guerra». Charlamos un buen rato y no me pareció que ninguno de ellos fuera consciente del peligro que suponía viajar hacia el norte. Me di cuenta de que se estaban comportando igual que yo cuando llegué. En el caso de los periodistas estaba justificado su interés por contar lo que estaba pasando, pero los turistas… ¿yo también era un turista? Les miré y mentalmente deseé que tuvieran la suerte de encontrar entre aquel horror algo que les enriqueciera el alma.

Estaba esperando la salida de mi vuelo sentado en la cafetería del aeropuerto cuando noté que alguien me estaba golpeando suavemente en los riñones:

—*Allez, allez, mon ami! Vive l'Espagne!!*

Natalie estaba de vuelta. Con dos bastones con los que me «jaleaba» los riñones, una sonrisa que parecía iluminarlo todo, y al frente de un grupo de correligionarias que se mantenían prudentemente a distancia y expectantes. Después de casi dos meses la encontré verdaderamente distinta y pensé que, aunque cojeando, era la primera vez que no se presentaba gritando entre una nube de polvo marrón. Me presentó a sus «hermanas» a las que, por la manera con la que me miraban, deduje que les habría contado algo de nuestra aventura. Era una nueva hornada de monjas canadienses que se integraban a la misión en Sierra Leona a las órdenes de Natalie, que había sido designada responsable de la congregación para aquella parte de África, como me explicó mientras compartíamos una mesa, tabaco, algunos refrescos y me habló de su rodilla y del feliz reagrupamiento de la familia de Martin, de quien yo me había olvidado por completo.

Los altavoces anunciaron la salida de mi vuelo y me fui despidiendo de todas ellas. Cuando me encontré frente a Natalie no supe cómo hacerlo. Ella se incorporó y le dio los bastones a una de sus compañeras para poder abrazarme. Le di un abrazo que me vació el alma mientras le susurré al oído:

—¿De dónde sacas la fuerza para seguir adelante?

—De cada abrazo como este, *mon ami*.

Tren de cercanías

Cuando subí al tren algo hizo que fijara mi atención en aquel hombre. Vestía de forma muy clásica, que muchos dirían «a la antigua»: traje claro con chaleco, impecable camisa blanca con gemelos en los puños, corbata gris de ceremonia y unos exclusivísimos zapatos de ante con hebilla plateada. Estaba sentado solo y miraba por la ventanilla con gesto de aburrimiento universal; una mezcla al cincuenta por ciento entre desprecio y pena por todo lo que se veía deambular por el andén.

Nunca suele haber muchos viajeros a esa horas en el cercanías y me pude sentar en cualquier sitio, pero mi irrefrenable tendencia a buscar personajes y anécdotas susceptibles de utilizar en mis cuentos me atrajo como un imán hacia aquel hombre de mirada perdida y anacrónicas hechuras que, en cuanto advirtió mi intención de sentarme enfrente, descruzó sus piernas elegantemente y cambió su gesto inexpresivo por una protocolaria y más que moderada sonrisa.

—Buenos días, señora —me saludó con voz grave y aristocrática mientras se inclinaba ligera y ceremoniosamente hacia adelante en un movimiento tímido que me supo a sucedáneo de cumplido versallesco.

Cuando el tren arrancó me miró un instante con ojos escrutadores y me ofreció permutar nuestros asientos para que yo me sentara en la misma dirección a la marcha del tren. Hacía muchos años que nadie me había demostrado tal consideración durante los miles de kilómetros que he recorrido desde que me dedico a escribir historias. Le agradecí sin aceptar su galantería porque, en efecto, hace muchos años que superé la incomodidad de viajar de espaldas a la marcha del tren y, sobre todo, porque me hubiera sentido estúpida a la vista de los asientos libres; supongo que nos hubiéramos sentido ridículos los dos. Gratamente sorprendido por su delicadeza saqué mi libro de notas y escribí: «Érase una vez una mujer que entró en el tren y retrocedió cincuenta años en su vida».

Tenía por delante una hora de viaje hasta Madrid para tratar de extraer lo interesante de aquella rara avis que ahora desviaba su mirada prudentemente, entiendo que para no incomodarme; o quizá para disimular la repugnancia que le debía producir la osadía de una insufrible mortal importunando a un residente del Olimpo que inconcebiblemente viajaba en tren. Observé que en el asiento a su lado tenía un libro con un marcador de páginas colocado casi al final y temí que si reanudaba la lectura perdería la oportunidad de aplicarle mi tercer grado reglamentario y subliminal; tengo sobradamente comprobado que perturbar la paz del prójimo es lo más adecuado para obtener lo peor de él. Pero también intento ser muy estricta en la aplicación de mis métodos de trabajo, y aun a riesgo de recibir una genuina coz celestial, puse en práctica una infalible táctica universalmente conocida: la de interesarse por el tema del libro que esté leyendo la concentrada y confiada víctima; siempre me dio buenos resultados cuando quise entrar en conversación con quien me pareció susceptible de ser diseccionado.

—Pues no lo sé —me contestó con un repentino brillo en los ojos—, es un libro de cuentos… —Se detuvo un momento cavilando y prosiguió—: Cuentos modernos escritos por viejos como yo recreándose en su soledad. Los viejos solo vendemos soledad.

Me interesó su divagación y tuve que reprimir la intención de volver a sacar mi cuaderno de notas aunque lo anoté en mi memoria: «Érase una vez un viejo que sobrevivía vendiendo soledad».

Continuó con sus elucubraciones:

—Los cuentos modernos me parecen un compendio de cotilleos morbosos. A la gente no le interesan más que las interioridades del prójimo; y como no leen lo que hay que leer, solo disfrutan descubriendo su lado más oscuro y morboso.

No paraba de despotricar y poco le faltó para dictar una sentencia condenatoria urbi et orbi contra los viejos que escriben cuentos. Cuando al fin se quedó sin pólvora acabó por admitir que él había escrito varios; y cuando le dije que yo también escribía historias saltó como una pantera para aludir a mi juventud y eximirme de la pesada «losa de soledad» que, repetía machaconamente, oprime la inspiración de los viejos que escriben. Fue una galantería que me halagó. Aludir a una juventud que ya me quedó muy lejos me sonó a la miserable mentira piadosa de siempre, pero tuve que corresponder interesándome por sus historias mientras buscaba mentalmente entre las mías la «losa de soledad» que, según él, oprime el alma de los viejos No recordé ni cotilleos morbosos ni soledades predominantes en mis cuentos, pero sirvió para guardar en mi memoria una reflexión para la mesa de trabajo: «Érase una vez una solitaria cana que se perdió en un folio en blanco».

Y desde aquel momento feliz dejó de denunciar a la soledad como factor de inspiración para espíritus agotados

—«moribundos», llegó a decir—, y tampoco volvió a insistir en la «avidez para el cotilleo morboso de una población manifiestamente mejorable que, con una estupidez inducida, hace rentable varias televisiones y no pocas empresas editoriales». Me contó que se dirigía al acto de entrega de premios del concurso de cuentos escritos por personas mayores de Radio Nacional, en el que había participado con dos de ellos, y que no había resultado ni «triste finalista». No conseguí que me dijera nada sobre sus textos.

—Dos cotilleos perdedores —sintetizó sin perder la sonrisa relajada que mantenía desde hacía algún rato.

Se interesó por mi trabajo y acabamos por intercambiar nuestras señas para un eventual contraste de pareceres sobre el noble oficio de contar historias. Me dijo que se llamaba Juan pero nunca me lo creí, aunque figurara ese nombre en su correo electrónico y porque, además, tuvo un detalle un poco descorazonador que dejo para el final. Cuando nos despedimos me regaló el libro que había dado lugar a nuestra conversación y que devoré aquella misma tarde sentada en un banco del Retiro. Me parecieron buenas historias, bien contadas, que rezumaban sensibilidad a raudales y que transmitían emociones de todo tipo y, efectivamente, también hablaban de soledad. Ya en casa volví a revisar los títulos de mis cuentos tratando de ser objetiva y despejar definitivamente las dudas que me habían creado las conclusiones de aquel hombre que me pareció sincero hasta la crueldad y, a la vez, de una inmensa sensibilidad incompatible con una mínima intención irrespetuosa. Encontré soledad en mis historias, pero no en las dosis que él denunciaba; y en cuanto al cotilleo morboso tengo que admitir que recopilar cotilleos es el mejor procedimiento para abonar el semillero de ideas de donde inventar historias: no tuve más que reflexionar sobre el origen de mis anotaciones para confirmarlo.

Pero eso es una cosa y otra reducir el cuento de hoy a un «cotilleo morboso». Una novela siempre revelará interioridades de los personajes —forman parte de la trama— que, definitivamente, son cotilleos inmundos. Pero en un cuento no hay apenas espacio para entrar en grandes profundidades emocionales y el mérito es llegar a ellas con pocas palabras o recurrir a la moraleja si hay alguna duda en el mensaje a transmitir. En cualquier caso, no era lo más relevante de su discurso, sino la desconcertante visión del mundo que subyacía en sus lamentaciones y en una escala de valores difíciles de compartir a pesar de la «regia vehemencia» con la que trató de convencerme de su teoría sobre «la dignidad y la soledad de los viejos a los que se nos ha caído encima el siglo XXI; un doloroso trauma del que solo nos protegerá el alzhéimer».

No me atrevo a entrar en ese jardín tan macabro pero, huyendo de las generalidades como aprendí de mi padre, le envié una carta replicando a sus reflexiones y afirmando mi convencimiento de que, en el fondo, lo único que hay verdaderamente tuyo son tus heridas, y el que sangren o no sangren hasta el final de tu vida es solo cuestión de ganas de luchar, de dignidad, efectivamente. Y le hice una concesión: si dignidad y soledad viajan juntas, no habrá nada que ennoblezca más.

Tres meses después recibí su respuesta. Alguien lo hizo en su nombre sin dar más explicaciones que una escueta nota: «Él ya no está. Le envío dos cuentos que escribió que quizá respondan a sus preguntas».

Los leí a renglón seguido. El primero se titulaba *La Segunda sinfonía de Mahler* y era un grito de esperanza; y el segundo, *El testamento del monstruo*, un paseo por el infierno de la soledad. Ninguno me aportó respuestas pero me dio pie a otra pregunta que, seguro, él se habrá hecho muchas veces: ¿qué has hecho de tu vida?

Y en cuanto a su nombre, una decepción: cuando nos despedimos en Atocha despúes de una hora de conversación, me adelanté en el saludo: «Hasta la vista, don Juan, ha sido un placer conocerle». Y él, con algo de sorna me contestó: «Ha sido un honor para mí, doña Inés». Y yo le había dicho que me llamo Petra.

Intenté anotar en mi cuaderno algo sobre ídolos que se te caen y recordé que había escrito sobre ello hacía tiempo. Sí, hacía mucho tiempo. Pero esa es otra historia.

El ogro

Lo confieso: yo nunca he visto un ogro. Monstruos, más de uno; y bestias más de las que me hubiera gustado conocer. Pero si una vez creí vivir la experiencia de estar cerca de un ogro, debo reconocer que me equivoqué; y difícilmente encontraré a alguien que celebre como yo el error cometido.

El presidente de la compañía nos había convocado a las ocho de la mañana y aquella hora era un mal presagio. Malísimo. Solo una vez en los cinco años de vida que tenía el comité habíamos sido convocados tan temprano. Y nadie quería recordar el sapo que nos hizo desayunar en aquella ocasión nuestro querido presidente, el ogro Lucas; mejor no recordarlo. Con aquellos antecedentes no era de extrañar el ambiente de tensión que se respiraba en la sala de reuniones. Hablábamos en pequeños grupos tratando de averiguar qué estaba pasando. Nos sondeábamos mutuamente para ver si alguien sabía algo; siempre hay alguien del equipo directivo que sabe algo más que los demás o que, acaso, puede sospechar algo por algún indicio o cualquier indiscreción —voluntaria o involuntaria— que habitualmente llega a sus oídos, por «tortuosos y recónditos» caminos. Pero no se oían más que conjeturas. Ni el vicepresidente, ni los directivos, ni nosotros, los asesores, sabíamos nada de aquella súbita llamada a maitines. Llegó puntual. Unos cinco minutos antes de la hora y, como siempre, escoltado por Herber von Cara de Palo, su imperturbable secretario particular. «El del rostro impenetrable» o «Herr Alegrías», como le llamaban las secretarias. El gran jefe nos sonrió elegantemente mientras Cara de Palo repartía unos documentos que sacó de su inseparable baúl, caja mortuoria, portafolios, paredón portátil.

—Buenos días —se abría la sesión—. Gracias por su puntualidad —nos dijo un desconocido y sonriente presidente.

«¡Malo, malo… pero que muy malo!», pensé. Este nunca agradece nada a nadie. El sapo tenía que ser enorme. Cruzamos varias miradas mientras abríamos la carpeta que nos había entregado Herr Alegrías.

—¿Tú has visto *Parque Jurásico*? —me preguntó con voz casi inaudible el de mi derecha—. ¡Un sapo jurásico! Ya verás.

—Ahí tienen la documentación de las cláusulas anexas al contrato con Dayler —nos anunció el ogro presidente con su voz profunda—. Quiero que la lean con calma y luego me den su opinión. No tenemos prisa.

¡Madre mía! ¡No tenemos prisa! El gran Lucas había dicho que no teníamos prisa y nos había pedido su opinión. Aquello era la señal inequívoca: el fin del mundo estaba próximo. Se levantó de su sillón presidencial y se sirvió una taza de café. Me di cuenta entonces de que nadie antes había utilizado la cafetera y de que estábamos despiertos todos y del todo. No era yo el único que presagiaba la llegada del apocalipsis y más de uno hubiera pedido una tila triple en aquellos momentos. Pero había que aguantar el tipo y, con toda naturalidad, nos pusimos a leer la documentación bajo la mirada escrutadora del Alegrías, que parecía estar dispuesto a fusilar al que osara levantar la vista de los papeles. El presidente cogió la taza de café y se acercó al ventanal para quedarse allí, mirando hacia la calle, con un aire totalmente ajeno a la tarea de estudio que estábamos llevando a cabo.

Era una mañana clara y azul. No parecía una mañana apropiada para sapos y, poco a poco, fuimos terminando de revisar los documentos. Más prudentemente que nunca, esperamos en silencio a que el último cerrara su carpeta. El Alegrías se acercó al presidente que, en ese momento, no estaba frente a la ventana, sino admirando el enorme cuadro que presidía la sala de reuniones desde tiempos inmemoriales. Era una espléndida fotografía aérea a todo color que sorprendía a todo el que la viera por primera vez. Se veía un pueblo y un pequeño aeródromo deportivo con varias granjas próximas. Había un río a la izquierda que se perdía en una frondosa vega y, al fondo, el mar.

El presidente dejó la taza sobre la mesa auxiliar y señalando al cuadro comentó:

—Nunca les he hablado de esta fotografía: es mi pueblo y en esta granja nací yo. Tuve un amigo al que le gustaba volar. Yo le consideraba mi amigo, aunque nunca hablé con él. Todos los días volaba algún rato y si no lo hacía creo que no se sentía vivo. Me consta que desde que sus padres le dejaron volar solo, no dejó de hacerlo ni un día de su vida.

Yo no recordaba que el presidente hubiera tenido algún arranque humano en ninguna de las sesiones de trabajo que hasta entonces había tenido que soportar y, por la cara que ponían los demás, creo que nadie se estaba creyendo que el presidente hubiera tenido alguna vez un amigo aunque nunca hubiera hablado con él. Hizo una pausa y continuó hablando con su voz tenebrosa.

—A mí lo de volar —volvió a ocupar el sillón presidencial— siempre me dio miedo y por eso le admiraba cuando le veía cada día cruzando el cielo a toda velocidad. A mí me bastaba con leer los manuales que me enseñaba mi padre para imaginar que volaba.

Volvió a detenerse y tras dedicarnos su genuina mirada acusadora, hizo girar el sillón para volver a mirar al cuadro y, dándonos la espalda, continuó con la historia de su admirado amigo.

—Había nacido, como yo, cerca del aeródromo y también vivía en una granja junto al río, seguramente en el mismo sitio que vivieron sus padres y sus abuelos. Era una familia que llevaba en la sangre lo de ir por el aire y nunca habían tenido el menor accidente. Volar era para ellos algo más que una religión. Yo disfrutaba saludando a mi amigo cuando pasaba volando cerca de mi casa, y me quedaba embobado mirando cómo se alejaba, subía, bajaba, aterrizaba. Yo quería ser como él. Me imaginé mil veces que alguna vez perdería el miedo y podríamos volar juntos. Pero yo lo de volar…

Hizo girar media vuelta a su sillón y nos miró como si quisiera comprobar si estábamos atentos a su explicación. Nadie se movía escuchando al presidente hablar de aquella manera inédita. Incluso su mirada —que siempre habíamos justificado como una reminiscencia del origen reptil del ser humano— estaba resultando solo medio agresiva. Yo observaba de reojo a los demás y, por la expresión de sus caras, estaba seguro de que muchos, sorprendidos por el cambio de estilo que estábamos contemplando, se estaban perdiendo la historia, y además, a nadie se le escapaba la enigmática sonrisa de hiena de Herr Alegrías anunciando, sin duda, la inminente llegada de la madre de todos los sapos. Encendió un puro y volvió a girar el sillón para seguir hablando sin dejar de mirar a la fotografía.

—Yo me conformaba con verlo por el aire y desde el suelo compartir sensaciones y proyectos: viajar mucho, ver mundo, parar aquí y allá y conocer otros paisajes; volar alto sobre las ciudades, otros ríos, otros montes, el mar... pero ya ven, yo no me atreví a volar nunca y oportunidades no me faltaron. Aún hoy le tengo mucho respeto a eso de ir por el aire; algunos de ustedes lo han comprobado personalmente.

Efectivamente, más de uno tuvo que soportar su pánico a volar durante algunos de los muchos viajes de negocios que tuvimos que realizar acompañándole, y cuenta la leyenda que, en cierta ocasión, un sobrecargo tuvo que aplicarle un par de bofetadas terapéuticas para tranquilizarle en pleno ataque de histeria durante un vuelo.

—Una mañana de verano —proseguía la historia—, como otras tantas, fui al aeródromo; este que se ve aquí. Solía pasear entre los planeadores estacionados porque mi padre decía que era una buena manera de ir perdiendo el miedo. Cualquiera por aquellos alrededores había volado más de una vez en los planeadores. Todos me animaban a volar en aquellos veleros pero yo solo los admiraba desde tierra con mucho respeto. Uno de los vigilantes del aeródromo, que me conocía, se acercó: «¿Qué, no te atreves?», me animó. «Anda, súbete por lo menos, que no te va a pasar nada». No pude rehusar la invitación y me subí al planeador por primera vez. Me encerré en la cabina y miré al cielo. El vigilante me dejó allí para que yo diera rienda suelta a mi imaginación. En el cielo limpio se veían varios planeadores y casi podía imaginarme que yo podía ser uno de ellos, aunque ni me atreví a tocar ningún mando. De pronto vi a mi amigo, que también se incorporaba al vuelo de los otros y me dio alegría: ya estábamos todos. Y seguí imaginando que podría estar volando junto a él, disfrutando de aquella experiencia única. Yo mismo hablaba por él y le oía decir en mi cabeza: «Mira, Lucas, volar es mágico; así, sin motor. Disfrutando del silencio y de las corrientes de aire caliente que te elevan y te desplazan. Ya verás como vale la pena. Es una aventura que todos debían vivir al menos un vez en la vida. Te voy a enseñar. Ya verás: volar es mágico».

Con voz engolada, el presidente imitaba la voz de su desconocido amigo, y allí estábamos todos escuchándole como críos escuchando un cuento al abuelo.

—Imaginaba que al cruzarnos con algún planeador mi amigo comentaría: «Mira, Lucas, otros locos del aire. Se les ve felices. Uno es todavía un niño como tú y, ¡mira cómo disfruta! Hace un buen día para volar, y fíjate qué sensación de libertad. Van hacia el mar; son valientes. Recuerda, Lucas, volar hacia el mar sin motor puede ser peligroso; tú debes estudiar bien los manuales. Fíjate cómo planean y qué bien se elevan. Vamos a seguirles un rato. Mira, Lucas, cómo impresiona el mar desde el cielo aunque esté en calma. No creo que se aproximen a los acantilados. Eso sería muy arriesgado. Una corriente de aire frío y se estrellarían contra las rocas. ¿Te atreves a dar el giro? Venga, inténtalo, coge el timón, que no es tan difícil». Y yo movía los mandos y suponía que era capaz de seguir correctamente las instrucciones de mi imaginario compañero de vuelo, en aquel vuelo imaginario —dijo el presidente cada vez más excitado—. «¡Bien, Lucas! ¡Muy bien! ¡Buena pasada y buen giro! Vamos a bajar. Vamos a ver qué tal aterrizas». Y en aquel momento de mi imaginario bautismo de aire, miré al cielo y vi que mi amigo se disponía precisamente a aterrizar y detuve mi imaginación para verle bajar. ¡Era un espectáculo! Es más complicado bajar que subir, decía el manual, y no todos saben hacerlo con maestría. Pero yo admiraba la técnica de aterrizaje de mi amigo. Superaba a cualquier otro. Le veía todos los días aterrizar sin problemas. Siempre sobrevolaba la arboleda varias veces; esta arboleda que se ve aquí, y luego aterrizaba. Salí de la cabina para ver mejor el aterrizaje del maestro y en ese momento escuché una detonación. Corrí hacia la arboleda y allí, en el suelo, encontré sangrando a mi amigo. Estaba semiinconsciente y me miraba entornando los ojos como preguntándome: «¿Qué ha pasado, Lucas? ¿Qué ha sido ese ruido? Estoy sangrando». Yo no podía articular palabra. Me quedé petrificado hasta que apareció un cazador: «¡Ah, está aquí; creí que no le había dado. *Jodío* pato, casi se me escapa». Yo no sabía cómo reaccionar y me salió un balbuceo: «Pero… cómo…». Y el cazador me contestó mostrándome el índice de su mano derecha: «¡Pues con este dedo!». Y cogió al pato que aún tenía fuerzas para mover un ala para despedirse de mí: «Adiós, amigo. Volar es mágico. Vale la pena». Desde entonces siempre tengo presente que es muy fácil, y a veces con un solo dedo, arruinar muchas ilusiones y muchas esperanzas.

Se dio la vuelta lentamente entre una nube del humo de su puro que posiblemente le había congestionado momentáneamente los ojos y con la voz firme de siempre ordenó:

—Acaban ustedes de leer las cláusulas anexas al contrato con Dayler y deben saber que no voy a firmar. Como han visto, esa organización tiene un proyecto que va a significar sufrimiento para muchas personas y no es justo que nadie, con el mínimo esfuerzo de mover un dedo, arruine ilusiones y esperanzas. Yo no lo haré. Y ahora, si alguien quiere emitir un informe al consejo de administración de lo que ha pasado aquí esta mañana, lo entenderé. Pero si no es así, les agradecería que se traguen el sapo y me preparen un informe que pruebe lo desastroso que hubiera sido para nuestros accionistas firmar ese contrato. Se trata de decir todo lo contrario a lo que dijimos hace un mes.

Nos quedamos clavados hasta que el vicepresidente se puso en pie y comenzó a aplaudir. Todos le seguimos. Nos tragamos el sapo que era gordo de verdad.

Es fácil contarle un cuento chino a un banco. Lo difícil es que se lo crean pero nos salió bien. El ogro Lucas perdió, aquella mañana de maitines, su condición de ogro. Por eso digo que nunca he conocido un ogro. Y como era de esperar, lo jubilaron al año siguiente.

Caballero legionario

En un austero despacho bajo la lona de una tienda de campaña en un destacamento militar a las afueras de una ciudad en Oriente Medio, un coronel y un teniente, sentados frente a frente y separados por una mesa en la que se amontonan documentos hablan a la luz de una lámpara de gas.

—Vuelve a contarme tu encuentro con tu... desequilibrado.

—Con todo respeto, señor, el cabo Suances es un caballero legionario a mis órdenes y... —responde el teniente.

—El caballero legionario paracaidista Bartolomé Suances Vega ha cometido un hecho execrable más propio de un loco —afirma el coronel— y te recuerdo que esto no es un juicio. Puedes relajarte; no soy más que un instructor, serán otros quienes se encarguen de enjuiciar.

—Gracias, señor. El francotirador estaba de rodillas, con las manos en la nuca y...

—¿Eres consciente de que el soldado enemigo era ya un prisionero y tú, como superior al mando, eras el máximo responsable de su custodia?

—Sí, señor. Pero si me permite prefiero llamarle francotirador mejor que soldado enemigo.

—Si va a servir para aclarar las cosas… ¿Tenía el francotirador alguna posibilidad de defenderse?

—Mi coronel, eso depende del grado de entrenamiento de…

—¿Crees que alguien que está de rodillas a un metro de un desequilibrado que te apunta a la cabeza con un fusil de asalto tiene alguna posibilidad?

—¿Desequilibrado?

—Sí, eso como poco. ¿No le notaste especialmente afectado, nervioso, inquieto?

—No, señor. Después de ocho meses de campaña todo es rutina.

—¿Rutina? Sí, ya veo qué tipo de rutina.

—Señor, el caballero legionario siempre dio señales de entereza.

—¿Qué crees que le ha podido pasar? Lo conoces bien, ¿no?

—Desde hace cuatro años, señor. Y en este tiempo siempre fue…

—Ya lo he leído en tu informe: metódico y prudente. ¿Hablaste con él antes del traslado?

—Lo intenté, señor, fui a verle varias veces al hospital.

—¿Lo intentaste, no te dijo nada?

—Nada, señor. Durante dos semanas no dijo ni palabra. El médico le mantenía sedado y…

—El médico me ha dicho que pasaste largas horas con él, ¿qué es lo que hacía? —inquiere el coronel.

—Clavaba la mirada al techo cada vez que despertaba.

—¿Quién más participó en la detención del francotirador?

—Nadie más, mi coronel.

—¿Cómo? ¿Se enfrentó él solo? ¿Puedes explicármelo, teniente?

—No, señor. Tenía orden de replegarnos y volver a las posiciones de defensa.

—Entonces fue también insubordinación. ¿Cuándo supiste que te faltaba un… legionario?

—De inmediato me informó el sargento de su sección. Nadie le había visto durante el repliegue; pensamos lo peor y fui en su ayuda.

—¿Tú también desobedeciendo una orden?

—No ordené a nadie que lo buscara. Volví yo solo.

—Esa no es respuesta ¿Por qué volviste?

—El soldado Suances me salvó la vida hace años y estaba convencido de que si no estaba muerto estaría verdaderamente en peligro. El francotirador nos ha causado muchas bajas y ha sido una pesadilla para la población civil. Teníamos orden expresa de neutralizarlo desde hacía meses y no éramos capaces. Al fin lo localizamos, tardamos cinco horas en acorralarlo y veía que volvía a escaparse si llegaba la noche, ordené tomar nuevas posiciones pero recibí la orden de retirarnos.

—¿Dónde se vio al legionario antes de la orden de repliegue?

—Estaba en el pelotón que ocupaba el primer piso del edificio principal de la avenida y otro pelotón estaba en la calle impidiendo a los civiles que la cruzaran.

—¿Lo desarmaste tú?

—No fue necesario, señor: tiró el arma después de…

—Después de reventarle la cabeza a un prisionero que tenía rendido de rodillas y con las manos en la nuca sin importarle que estuviera delante de un superior.

—Sí, mi coronel, así fue.

—¿No pudiste evitarlo?

—No podía imaginar que… y una ráfaga se descarga en…

—No es necesario que me lo aclares. ¿Qué ocurrió después?

—Tiró el arma contra el cadáver del francotirador y se sentó en el suelo con las manos sobre la cabeza.

—¿Y nada más? ¿No dijo nada? ¿Qué hizo después?

—Traté de tranquilizarle. Estaba llorando y le ordené que recogiera el arma para marcharnos de allí. Bajamos la escalera en silencio y al llegar a la calle echó a correr sin tomar ninguna precaución. Ni siquiera recargó. Tuve que gritarle para que lo hiciera pero no hizo caso y continuó corriendo en dirección contraria a nuestra posición. No había seguridad de que otro francotirador nos disparara y tuve que detenerlo a la fuerza.

—Otra cuestión, teniente. ¿Cuánto tiempo pasó desde que recibiste la orden de repliegue y encontraste al legionario?

—Calculo que unos cuarenta minutos, quizá más.

—¿Quieres añadir algo más?

—No, señor. No tengo nada más que decir.

—¿Y si estuviéramos en la cantina?

—Si estuviéramos en la cantina…

—¡No me hagas ir a la cantina! He hecho tres mil kilómetros por este asunto. Di lo que tengas que decir y acabemos de una vez con este trámite, yo también tengo órdenes que cumplir.

—Usted está convencido de que estoy ocultando algo.

—Por supuesto.

—Y no me creerá si le digo que no vi nada más que lo que he declarado.

—Efectivamente.

—¿Y qué sentido tiene que vayamos a la cantina?

—Para que me convenzas y no quedes como un oficial embustero que está ocultando algo a un coronel auditor que te puede complicar la vida.

—Señor, allí ocurrió algo… muy extraño.

—Sí: un legionario curtido en mil batallas que se desequilibró después de asesinar a un prisionero.

—¿Asesinar… señor?

—¿A ti qué te parece? Un asesinato con un típico atenuante: desacoplo mental sobrevenido. ¿Has interrogado a sus compañeros?

—Se han conjurado para no hablar de este asunto. Pero nadie pudo ver nada después de la orden de repliegue. Todos nos alejamos de la zona de operación de los francotiradores. Todos menos… uno.

—No es posible que nadie sepa nada. Es como si hubiera habido algo personal entre el francotirador y el legionario. Y lo voy a descubrir. Claro que lo voy a descubrir.

—Estaré a sus órdenes para lo que necesite.

—¿Y si te ordeno que me cuentes la verdad? Trata de rememorar la escena pero como si fueras un observador, que es lo que hago yo, y a ver si así llegamos a un acuerdo. Tú estás viendo a un legionario que tiene encañonado a un enemigo al que mantiene de rodillas y con las manos en la nuca hasta que llega su teniente y entonces delante de él le vuela la cabeza. Lo que yo veo es que estaba esperando a que llegara su superior para ejecutarle en su presencia… ¿Ves la situación?

—Sí, señor, así fue. No intercambiamos ninguna palabra y disparó y disparó hasta que vació el cargador sobre la cabeza del francotirador.

—Sobre la cabeza de un prisionero.

—Señor, el legionario siempre fue un hombre cabal y…

—¡Fue un hombre cabal! Ahora hay que dudarlo y no me estás ayudando mucho. Tendremos que reconstruir la operación mil veces. ¿Por qué no se ocultó todo esto y se cerró con el informe habitual de «francotirador abatido»?

—Señor, me vi en la obligación de informar, fui testigo de una acción…

—¿Exagerada, desmesurada, brutal, criminal?

—Sí, señor. Absolutamente irreconocible en ningún soldado. No estaba en sus… Yo le vi hundido; no es un asesino.

—Eso se determinará en el juicio y depende de lo que aportemos nosotros porque no creo que él pueda declarar nada en mucho tiempo y sólo tendrá al siquiatra como abogado.

—También estoy yo, señor.

—¿Como abogado? Podrías solicitarlo pero es difícil que lo admitan.

—Tiene derecho a una defensa, señor.

—Y la tendrá. De eso tienes que estar seguro y ya me encargaré de buscar al más idóneo para este caso. Pero irían las cosas mejor si colaboraras más.

—No sé qué quiere que haga más. Le he dicho lo que sé.

—Sí. Y varias veces. Me lo has contado tres veces con esta, y no ha habido ni un milímetro de desviación entre las tres declaraciones. Los mínimos detalles están fijados en tu memoria y los comentarios que pudieran abrir camino a puntos comprometidos se cierran herméticamente sin fisuras, sin opción a la repregunta.

—Y eso, señor, no le convence.

—Eso no le convence a ningún auditor. ¿Por qué informaste del hecho? ¿Me lo vas a explicar o tendré que explicártelo yo? Llevo con esta investigación más de dos meses, ¿crees que solo he hablado contigo?, ¿crees que no he salido de este cuchitril?, ¿crees que no he inspeccionado nada? Tengo suficientes años para percibir demasiadas cosas y tú te estás comportando de una manera que no despierta más que sospechas. Te has dado cuenta y has decidido huir hacia adelante. Yo también soy militar y no admito que nos asocien con asesinos. Sabes perfectamente que lo primero que hay que valorar en un mensaje es la calidad del emisor.

—Sí, señor. Y doy por hecho que me ha investigado… mi calidad.

—Una hoja de servicios que incluye misiones especiales en diferentes partes del mundo y una laguna de seis semanas en la que no se especifica ni actividad ni destino y ni siquiera figura protegida por el sagrado paraguas de «material clasificado».

—Señor, no estoy autorizado para hablar nada en absoluto sobre ese periodo.

—Ya lo sé. ¿Podrías al menos decirme si lo pasaste cerca de aquí?

—Señor, no estoy autorizado…

—Sí, sí, te he oído. Pero ya me has contestado. ¿Cuánto crees que puede tardar un viejo coronel del cuerpo jurídico en abrir la lata del material clasificado? Tú recorriste esta zona hace tres años como observador de la OTAN. No hace falta que niegues ni afirmes nada, no te voy a comprometer. Entonces las cosas no eran tan duras como hoy pero se sabía que acabarían por complicarse. Fueron seis semanas tranquilas, casi de vacaciones. ¿Quieres que continúe?

—Señor, no sé qué es lo que pretende con todo esto.

—Forma parte de mi rutina: asegurarme de la solvencia del emisor para valorar el contenido del mensaje. Elemental en el contraespionaje, ¿estás de acuerdo?

—Le he dicho todo lo que…

—¿Estás seguro?

—Sí, señor. No tengo más que añadir.

—¿Sospechas que te van a destinar inmediatamente a otra unidad?

—No, señor, nadie me ha dicho nada y estoy bien aquí. ¿Me van a trasladar?

—Es muy probable.

—¿Por alguna razón, señor?

—Por supuesto que hay alguna razón y supongo que tú ya…

—Señor, yo no tengo nada más que decir.

—¿No? ¿Qué sabes de una mujer llamada Baasima que murió en mitad de la calle junto a su hijo de dos años, tiroteados por un francotirador que aparecía y desaparecía como un fantasma?

—No sé qué es lo que pretende, señor.

—Que me ayudes a… ¡te juro que no te entiendo!

—No sé a qué se refiere, señor.

—¿No te he dado pruebas de estar al corriente de… algunas cosas? Ya sé que no puedes hablar de tu trabajo durante tu misión aquí hace tres años, y que toda una compañía está conjurada para ocultar la ejecución de un prisionero a manos de un compañero que perdió la cabeza. ¡Mentiras y más mentiras!

—Señor, no puede acusarme de eso… yo…

—¿Ah, no? ¿Tampoco te suena el nombre de Brahim Akad? Es el padre de la mujer que fue abatida con su hijo en brazos. Brahim vive ahora con su esposa lejos de aquí desde entonces. ¿Te aclaro qué soldados de qué compañía trasladaron a los abuelos y sus enseres hasta la casa de un pariente a cien kilómetros de aquí? ¿Te cuento por qué tuvieron que huir? ¿Te cuento que estaban amenazados porque eran abuelos de un niño nacido de las relaciones de su hija con un espía hacía tres años? ¿Quieres que continúe? No he terminado aún la investigación y tengo intención de interrogar a Brahim Akad y no me gustaría descubrir ninguna… sorpresa.

—Señor, no puedo decir nada más.

—¿Porque está relacionado con tu misión… secreta de hace tres años? Pienso que te estás equivocando. No me importa qué viniste a hacer aquí pero entiendo que no puedas decir nada pero estás ocultando algo y no solo tú. Toda una compañía se ha conjurado para no hablar del asunto y algo me da que pensar que a tu legionario le mantuvieron sedado dos semanas para que no contara nada antes de catalogarle como desequilibrado total.

—Lo único que espero es que se restablezca lo antes posible y regrese a la unidad, señor. No tengo nada que ocultar ni nada por lo que temer ninguna… complicación.

—Ya veo que lo de «con razón o sin ella» sigue estando vigente en la legión. Es muy loable el juramento de ayuda mutua entre legionarios pero algo no me está cuadrando y estoy cansado de oír el mismo cuento una y otra vez. ¿Qué te parece si lo dejamos para mañana y reflexionas?

—No sé qué quiere decir, señor.

—Teniente, se me está acabando la paciencia. Te he dado suficientes pistas para que reconsideres tu declaración y sigues enrocado. Te equivocas si piensas que puedes mantener tu postura porque hay tres cuestiones que aún no se han resuelto. ¿Por qué no se cerró el caso de la baja del francotirador con una simple nota de «abatido»? ¿Quién más presenció el hecho para no poder hacerlo? ¿Y por qué cuatro soldados trasladaron a Brahim Akad y a su mujer a vivir con unos parientes a cien kilómetros de aquí…? ¿Continúo?

—No, mi coronel, no hace falta que…

—No estoy dispuesto a escuchar más cuentos, ¿entiendes? Pero te haré una confesión: yo no sé cómo reaccionaría si me encontrara delante del asesino que mató a mi esposa y a mi hijo.

—Yo tampoco lo supe hasta que…

—Lo tuviste cara a cara, ¿es cierto? ¿Me lo vas a contar de una vez? ¿Eran tu… novia y su hijo?

—Hace dos años que ocurrió. La utilizaron como un señuelo para cazarme a mí. Cuando llegué estaba sola en mitad de la calle con el pequeño en brazos. El francotirador hizo varios disparos que impactaron muy cerca de ellos y después una ráfaga hacia nuestra posición. Gritó mi nombre amenazándome de muerte sin parar de disparar cada veinte segundos asuntando a Baasima y al pequeño con los proyectiles impactando a su alrededor. Ella no se movía esperando el momento para echar a correr y ponerse a cubierto, no era la primera vez que se había visto en la calle en medio de un tiroteo.

—¿Cómo supiste que estaba acorralada?

—Me llegó una nota por medio de un nativo.

—¿Aún la conservas?

—Sí, señor.

—¿Qué decía?

—Que un hombre honrado debe cuidar de su familia. No pude hacer nada por ellos; un solo disparo los atravesó. Pedí quedarme aquí y desde entonces he perseguido a este asesino. Hace dos meses me dieron información de su posición en un día concreto. Había órdenes expresas de no adentrarse en la zona pero le pedí al cabo Suances que me acompañara y él no lo dudó y se presentó con cuatro legionarios más y...

—Y fin de la historia: capturaste al asesino y delante de cinco legionarios le destrozaste la cabeza.

—Yo disparé en un arrebato contra...

—Contra un prisionero. ¿Acordaste con los demás que el legionario Bartolomé asumiera el crimen? ¿También él estuvo de acuerdo antes de quedarse en estado catatónico?

—No, señor. No estuvo de acuerdo. Se puso delante para proteger al prisionero cuando vio que...

—Que ibas a matarlo a sangre fría.

—Perdí la cabeza cuando se cruzó en mi recuerdo la cara de Bassima y...

—Discutiste con el cabo, con tu buen amigo, hasta que...

—Fue un accidente; cayó por la escalera y...

—Desde entonces no ha vuelto a reaccionar, ¿es eso? Y tienes dudas de qué podría declarar si recobra la consciencia. ¿No te preocupan los otros testigos? Porque había más soldados delante, ¿verdad?

—Sí, señor. Estaban los otros cuatro soldados del pelotón. Lo presenciaron todo pero a ellos no se les puede acusar de nada. Yo soy el único responsable.

—Por supuesto.

—¿Necesita algo más, señor?

—Nada más. Vámonos a descansar; mañana firmarás la declaración y podré marcharme de aquí.

—¿Puedo preguntarle algo, señor?

—Dime.

—¿Va a contrastar mi declaración con la del cabo Suances?

—Ya lo he hecho, teniente.

—¿Cómo? ¿Ha conseguido hablar con él? ¿Ha reaccionado ya? ¿Está mejor?

—No puede estar mejor: está en el otro mundo. Se suicidó después de entregarme una nota.

—Comprendo, señor.

—Una nota que inexplicablemente quemé por error.

—¿Entonces…?

—El caballero legionario paracaidista Bartolomé Suances Vega sufrió un grave desequilibrio mental derivado del estrés tras cinco años de operaciones militares clasificadas de muy peligrosas. ¿Crees que alguien podría hacer preguntas sobre cómo se permitió una cosa así y no se le relevó hace años?

—¿Podría saber qué decía la nota, señor?

—Lo he olvidado.

—¿Qué he de decir en mi declaración?

—Eso es cosa tuya. Puedes retirarte.

—Sí, mi coronel. Buenas noches.

¿Quién envenena la tierra?

Parece mentira que el viejo tronco se mantenga aún en pie. Desde que era niño siempre lo recuerdo así: en el prado que se abre en la parte alta del bosque en medio de una tupida alfombra de hierba salpicada de flores blancas, y rodeado de silencio. El bosque tampoco ha cambiado; siempre fue igual de frondoso. Nadie lo ha tocado jamás, nunca hubo un incendio y los pinos siguen siendo majestuosos, enormes y verdes. No sabría decir en qué época del año me parece más hermoso, si en invierno cubierto de nieve o en verano con la agobiante sinfonía de las chicharras. Me siento en paz aquí y siempre acabo frente al viejo tronco. Es mi visita obligada en cada una de las subidas que hago a la montaña cada vez que tengo tiempo de visitar a los míos; vengo y lo golpeo con los nudillos dos veces. «Toc, toc, hola, viejo amigo.»

Mi padre nos traía aquí de pequeños y nos contaba historias del bosque. De ardillas, conejos, escarabajos, arañas, lombrices y cualquier cosa que se moviera. Les ponía voz y nos entusiasmaba con las correrías de los animalillos. Mis hermanos y yo disfrutábamos con sus cuentos y de paso aprendimos a respetar la vida y a admirar la naturaleza. Todos menos el pequeño, Hugo, que aún hoy no soporta las arañas y todavía siente una irrefrenable afición a machacarlas con una piedra. No pudimos quitarle nunca el miedo que sentía cuando aparecía alguna por pequeña que fuera. Acabábamos siempre merendando aquí, en la explanada del tronco, que es como llamábamos a este sitio y donde deberíamos encontrarnos en el caso de que alguno se perdiera, cosa que nunca ocurrió. Nos sentábamos en la hierba y, mientras merendábamos, mi padre sacaba su imaginación a relucir y nos contaba la historia de la lombriz que quería ser pájaro o la del pájaro que quería ser lombriz. Siempre acababa la historia con alguna moraleja o con alguna enseñanza sobre las maravillas y los peligros del bosque. Por supuesto, cualquier aventura tenía que acabar con la aniquilación de la malvada araña para que Hugo durmiera aquella noche.

Tengo un vago recuerdo de la cara de un hombre que una tarde se nos acercó cuando estábamos en la clase de naturaleza. Era algo mayor que mi padre y bastante más alto. Podría haber sido el guardabosques pero nunca lo supimos. De lo que sí puedo estar seguro es de que mi padre y él se conocían porque se saludaron muy efusivamente. Le recuerdo con una gorra de pana marrón y gafas oscuras, muy tostado por el sol y con unas manos enormes y fuertes. Tenía una voz grave con la que nos hizo reír cuando metió la cabeza por un hueco del viejo tronco y pronunció nuestros nombres. Todos quisimos hablar y gritar metiendo la cabeza por el hueco para comprobar cómo sonaba nuestra voz dentro del tronco. Fue una de tantas tardes felices que siempre se recuerdan. Aquel hombre nos cogía con sus enormes manos y nos aupaba hasta el hueco para que habláramos o gritáramos.

Lucía, que era la segunda de las hermanas, también mayor que yo y una puñetera de nacimiento que acabó siendo sicóloga, le dijo a Hugo que en el hueco vivía una araña enorme y fue el único que no se arrimó al hueco y no se separó de mi padre en toda la tarde. No puedo recordar quién fue el que preguntó sobre el viejo tronco. Posiblemente fuera Patricia, la mayor de todos, la sabionda que acabó siendo bióloga inaguantable, pero el caso es que aquella tarde fue el hombre de las manos grandes quien le puso voz a la naturaleza.

—Este tronco —comenzó con su explicación— fue el pino más grande del bosque. Era altísimo. Los otros pinos parecían sus hijos. No había en el bosque ninguno que se le pareciera y aún hoy, después de tantos años, no ha crecido ninguno que fuera solo la mitad de alto que él.

Estábamos maravillados con aquel descubrimiento. Prosiguió:

—Tenía enormes ramas que llegaban hasta tocar el suelo y otras que se alzaban hacia el cielo y parecían tocar las nubes. Solo desde mucha distancia podías ver su verdadera altura al compararlo con los otros pinos. El tronco era tan grueso que seguramente hubieran hecho falta cinco hombres para abrazarlo, pero nunca se pudo saber porque las ramas que llegaban hasta el suelo impedían acercarse. Ahora, como veis, el tiempo lo ha convertido en un esqueleto. Ha ido perdiendo y perdiendo hasta quedarse en un viejo tronco que nadie quiere cortar ni siquiera para leña. ¡Ya veis cómo está!

El hombre acariciaba aquel tronco con admiración y respeto como si fuera un venerable anciano antepasado suyo.

—¿Qué pasó? ¿Fue un rayo? ¿Por qué está así? —preguntamos al unísono.

—Pues os contaré qué pasó y vosotros tendréis que averiguar por qué pasó, ¿os parece?

Nos miramos extrañados por la propuesta hasta que un gesto de aprobación de mi padre nos animó.

—Tú también puedes participar —le propuso a mi padre.

—De acuerdo. Veremos quién averigua antes el misterio de la muerte del pino.

Y continuó su historia el hombre alto de manos grandes.

—¿Veis esta explanada en la que estamos? Pues este espacio era el que cubría con sus ramas el pino. Ya veis si tenía que ser grande. Pero aún hay más: las ramas que llegaban al suelo eran tan frondosas que no permitían que la luz del sol las atravesara y en torno al tronco no llegaba la luz. ¿Sabéis qué podría crecer sin luz?

—¡Los hongos! —contestó Patricia.

—¡Y las arañas! —añadió Lucía mirando a Hugo, que fue rápido a por una piedra.

—¡Exacto, los hongos! ¡Muy bien! Una enorme colonia de hongos creció en la humedad de aquella sombra gigante. Pero un día, el jefe de los hongos se dirigió a la colonia y dijo: «¡Vivimos a los pies de un arrogante que ni siquiera sabe que existimos. ¡No merecemos ser tratados con tanto desprecio!». Y entonces un hongo preguntó: «Si no sabe que existimos, ¿cómo puede despreciarnos?». Y el jefe respondió: «Pues así precisamente; ignorándonos». Y otro hongo preguntó: «Pero si nos proporciona todo lo que necesitamos para vivir, humedad y oscuridad, ¿qué más necesitamos?». Y el jefe les dijo: «¡Lo hace porque no puede evitarlo, si pudiera nos mataría!».

Y durante días y días discutieron y discutieron sobre el pino que permanecía majestuoso sin sospechar nada de lo que estaba pasando. Una primavera de hace muchos años empezó a encontrarse mal. Sus ramas se iban secando desde la copa y fueron cayendo una tras otra hasta que le llegó el turno a las que daban sombra a la colonia de hongos y murieron todos. Vinieron científicos de todas partes a estudiar la enfermedad del gigante y hablaron de la contaminación, pero eso habría afectado también a los demás árboles. No encontraron nada hasta que alguien descubrió que la tierra había sido envenenada. La tierra en la que crecía aquel pino tenía una extraña sustancia que no había en ninguna otra parte del bosque. Una sustancia que había atacado a las raíces y había acabado con su vida. ¿Y sabéis de dónde había salido la sustancia venenosa? —nos preguntó mirándonos.

—¿De los hongos? —se alarmó Patricia.

—Pues sí. Los hongos creyeron tener motivos para quejarse del pino y les entró tal amargura que acabaron por odiarle. El odio hizo que hasta por sus pequeñas raíces saliera odio y ese odio impregnó la tierra de la que tomaban alimento las raíces del pino y el pino murió. ¿Qué os ha parecido?

Nos quedamos en silencio mirando a mi padre, que tenía a Hugo sentado a su lado bastante compungido por el relato.

—¿Qué te parece, Hugo? ¿Quién mató al pino? —le preguntó.

—¡El veneno de la araña! —Hugo no tenía duda de quién era el culpable de todos los males del mundo.

—Pero… los hongos no querían matar al pino —dijo Lucía muy apenada.

—¡Pero lo mataron! ¡Y además murieron ellos también por estúpidos! —sentenció Patricia sin compasión.

—¿Y tú, qué opinas? —me preguntó mi padre.

Yo también acusé a los hongos, como Patricia, pero el hombre nos recordó las condiciones del juego cuando se despidió de nosotros:

—Bueno, tengo que marcharme. Tenéis que averiguar por qué entró el odio en los hongos y descubriréis el misterio.

Se despidió de mi padre y desapareció en el bosque. Mi padre nos observaba con curiosidad mientras seguíamos con la vista cómo se alejaba el hombre y se perdía entre los árboles. Debíamos parecer los pastorcillos de Fátima. Algunas veces volvimos a verle paseando por el bosque y por el pueblo. Siempre nos saludaba con afecto y nos preguntaba sobre nuestra «investigación» de la muerte del pino. A Hugo le dijo un día bromeando que había visto en el bosque una araña del tamaño de un caballo y tuvimos problemas para subirle a la explanada del tronco: al pobre le daban escalofríos cada vez que se lo proponíamos.

Han pasado muchos años y aún recuerdo el día de la excursión en la que se aclaró el misterio. Cuando teníamos las mochilas puestas para volver a casa, mi padre se acercó al tronco y le golpeó con los nudillos: «Toc, toc, hasta otra, amigo». Es una imagen que nunca se me ha borrado de la memoria. Mi padre, con Hugo cogido de la mano, golpeando con los nudillos al viejo tronco y mis dos hermanas mirando la escena en medio de la alfombra verde salpicada de flores. En aquel momento el tronco me pareció algo sagrado, impasible al tiempo, una especie de mártir que murió sin saber por qué. Fue el momento mágico que, supongo, todos hemos vivido alguna vez. Bajamos hasta el pueblo hablando del pino y de los hongos; Hugo, de las arañas, y estábamos cerca de casa cuando mi padre nos preguntó:

—¿Por qué? ¿No lo habéis averiguado, todavía?

—¡Los estúpidos hongos!—exclamó Patricia.

—¡Pero ellos no querían matar al pino! —fue siempre la defensa de Lucía.

—La pregunta que nos hizo el hombre fue por qué entró el odio en los hongos, ¿lo habéis olvidado? —insistió mi padre.

Ninguno contestó. No podíamos entender que un miserable hongo aspirara a medirse con un pino. Mi padre se adelantó a que nadie argumentara que los hongos ni sienten ni padecen y que buscáramos razones para que se comportaran así. Pero no había ninguna salvo la estupidez de los hongos que había denunciado Patricia desde el principio y que acabamos los demás por asumir ante una lógica aplastante que también aportó Patricia la sabionda:

—Aquellos hongos eran estúpidos porque a nadie se le ocurre quemar la casa en la que vive.

—¿Estúpidos o enfermos? —preguntó mi padre directamente a Patricia.

Se hizo el silencio y miramos a Patricia para que nos sacara del apuro. De repente se desvanecía la acusación de «asesinato» que latía en el ánimo de todos: si los hongos estaban enfermos no eran culpables de ningún crimen y la muerte del pino habría sido un desgraciado efecto colateral. De acuerdo, habían enfermado. ¿Se cerraba el caso así, sin más, sin el final obligatorio con enseñanza y consejo? No podía ser.

—¿No se os ocurre nada más? —continuaba apretándonos las clavijas—. ¿Los enfermos son inocentes por estar enfermos? ¿No pueden ser responsables de su enfermedad?

—Depende de la enfermedad que tengan —replicó Patricia, siempre peleona.

—¿Y qué enfermedad crees que tuvieron los hongos? —La miró con satisfacción.

—¿La estupidez se puede considerar enfermedad? —Peleona y dura de pelar.

Nos miró con ojos escrutadores y un gesto con el que nos demandaba participar en la conversación. Nos habíamos perdido en la disquisición y todo quedaba entre él y Patricia que, aunque fuera la mayor, mi padre no permitía que capitalizara nada en detrimento de los demás y, al mismo tiempo, debía potenciar su perspicacia en un embarazoso equilibrio que no llegué a valorar hasta que también fui padre. La pregunta de Patricia se volvió contra nosotros, que de enfermedades solo conocíamos la que habíamos padecido: anginas. «Estúpido de nacimiento» era una expresión típica de Patricia cuando se enfadaba con alguno de nosotros y más de una vez fue obligada a pedir perdón por ello. Ahora estaba llamando estúpidos a los hongos y era un diagnóstico que compartíamos todos y parecía que incluso mi padre. Pero también sabíamos que no iba a ser suficiente. «Que todo el mundo opine lo mismo no quiere decir que sea verdad» fue también una de sus enseñanzas, como otra que tuve siempre presente: «El hecho de yo me haya equivocado no quiere decir que tú tengas razón».

He recordado aquel momento muchas veces, al igual que otros en los que nos dejó enseñanzas que posteriormente encontré también en los libros. Fue una suerte tener cerca a alguien que sabía cómo hablarle a los niños. No es una habilidad al alcance de cualquier padre que, por lo general, suele suplir con cariño y paciencia, pero en nuestro caso pudimos contar con un verdadero maestro que aún hoy se esfuerza por enseñarnos cosas y no para de insistir en la mejor de las advertencias que desde sus creencias religiosas nos hizo desde el principio: «El Señor solo os pedirá cuentas por el uso que hicisteis de la inteligencia que os dio».

Ignorando la réplica de Patricia volvió sobre la responsabilidad de los enfermos en sus dolencias y le preguntó a Hugo en tono acusador:

—¿Tú no fuiste responsable de abrirte la cabeza cuando te subiste al árbol?

—¡Había una araña!

Con Hugo no se podía hablar, lo tenía todo previsto. Nos miró fijamente uno a uno demandando una respuesta y finalmente volvió a dirigirse a Patricia:

—¿Crees que los hongos pensaban que estaban incendiando su casa? ¡Y no me digas que los hongos no piensan!

Patricia estaba en un verdadero aprieto pero eso siempre fue su aliciente. Correosa, crítica, tenaz, contumaz, es decir: peleona a más no poder. ¿Rendirse? Ni frente al maestro. Le costaría más o menos tiempo argumentar una respuesta, pero nadie dudaba de que acabaría por encontrarla. Sin embargo, la cuestión de «los hongos estúpidos» se le estaba resistiendo y mi padre tuvo que prestarle una ayuda.

—¿Estás segura de que a nadie se le ocurre quemar la casa en la que vive?

—Eso solo se le ocurre a un loco.

—Quieres decir, entonces, a un enfermo.

Volvíamos al principio. Se complicaban las cosas porque no avanzábamos y eso era señal de algo imperdonable: no estábamos haciendo buen uso de la inteligencia que nos dio el Señor. ¿Podrían ser los enfermos responsables de su enfermedad?

—¿Los hongos no pudieron ver que se estaba secando el pino y…?

—¡Eso es Patricia, casi lo tienes! Recuerda que tenemos que averiguar por qué les entró el odio o si lo prefieres por qué se volvieron locos.

Patricia había dado con la pregunta clave: ¿por qué se volvieron locos los hongos? Vivían en una casa confortable y al abrigo de un gigante poderoso, ¿qué les debió pasar?, ¿enloquecieron de felicidad?

—¡Sí, lo vieron! ¡Claro que vieron que estaban arruinado su casa! —exclamó mi padre desviando la mirada para evitar que viéramos destellos de ira en sus ojos.

Aquella fue una clase muy especial. Entramos en casa y después de dejar las mochilas en el pasillo nos pidió que nos sentáramos en torno a la mesa. No era lo habitual sin antes lavarnos las manos, pero así fue. Nos sentamos sorprendidos por aquella excepción mirándonos entre nosotros con alguna inquietud ante su gesto sombrío.

—¿A nadie se le ocurre quemar la casa en la que vive? —Miró a Patricia—. ¿Estás segura?

Sonó a reprimenda: Patricia la sabionda estaba en entredicho y los demás a salvo. No tuvo tiempo para replicar porque le hizo un gesto para que lo evitara y cargó una cinta en el reproductor del video.

¿Quién envenena el planeta? era el título del reportaje que vimos en silencio, atentos y sin pestañear, ante imágenes que nunca habíamos contemplado de paisajes de bosques quemados, ríos de agua putrefacta, chimeneas soltando un humo denso que impedía ver más allá de cincuenta metros, personas deambulando con mascarillas por la calle, peces y aves muertos entre manchas de petróleo, inmensas autopistas atiborradas de automóviles y fotografías de ciudades de las que se apreciaban únicamente con nitidez sus edificios más altos.

—¿Qué os parece? —Nos miró cuando acabó el reportaje—. ¿Locos o enfermos? Se está quemando la casa y no hacemos nada. ¿Qué somos?

Nadie dijo nada pero la cara de horror que nos quedó fue suficiente para que se decidiera a darnos el mensaje final, la enseñanza prometida.

—No es ni locura ni enfermedad, es ignorancia. La ignorancia envenena a los hombres y los lleva a veces hasta su destrucción. El peor veneno es la ignorancia.

Luego miró a Hugo, que estaba a lo suyo:

—Si se quema el bosque… se queman las arañas, ¿no?

EL VIRUS

«Cuando un elemento extraño penetra en tu cuerpo, tu organismo reaccionará y utilizará todas sus armas para defenderse del intruso. Así funcionamos: cualquier invasión deberá ser combatida. Y si esto no ocurre, tu cuerpo dejará de ser tal como era antes de la invasión y podría terminar siendo muy diferente: tan diferente como resulta estar vivo o muerto.»

Don Alejandro, el profesor, cerró el viejo libro que estaba leyendo, se quitó las gafas y se quedó mirándonos fijamente mientras pasaba la mano suavemente por aquel libro que debió ser de su bisabuelo.

—¿No os habéis clavado nunca una astilla en un dedo? —rompió el silencio solemne que nos imponía siempre tras la lectura.

—Yo tengo una clavada —contestó uno de delante.

—Ven aquí que te la vea —ordenó poniéndose de nuevo las gafas.

Juan se acercó al estrado y extendió la mano derecha con temor.

—Aquí, en este dedo, ¿lo ve?

—¿Te duele?

—Solo cuando toco algo.

—¿Y qué vamos a hacer, Juan? Habría que sacarla. Esa astilla es algo extraño que ha entrado en tu cuerpo y te ha organizado una batalla en el dedo.

—¿Me voy a... morir? —de repente dejó de ser Juan sin miedo.

—¡Pues claro que te vas a morir! Pero no por esto. No, hombre, no. Hay que sacarla porque tienes infectado el dedo. Pero antes se lo vas a enseñar a toda la clase para que vean la batalla de tu cuerpo contra la astilla.

Un poco más reconfortado, Juan comenzó a pasar lentamente delante de los pupitres mostrándonos orgulloso su dedo herido mientras don Alejandro seguía con su explicación después de mandar a otro a buscar el estuche botiquín a la secretaría.

—¿Veis ese bultito blanco que tiene en la yema? Ese bulto es el campo de batalla. Ahí están luchando los ejércitos contra la astilla invasora. El cuerpo de Juan se defiende y ataca a la astilla con un ejército de soldados que se llaman glóbulos blancos. Los que mueren se quedan junto a la astilla y la rodean y así hasta que el bultito se haga más grande y reviente. En ese momento, los soldados muertos saldrán al exterior del cuerpo y con ellos arrastraran a la astilla también fuera y así se habrán librado del invasor. Pero nosotros vamos a ayudar a Juan desde fuera para que gane la batalla lo antes posible.

En un santiamén y algún que otro ay de Juan, su dedo herido ya tenía una tirita puesta y el algodón con los restos de la batalla en la papelera. La clase continuó.

—¿Lo habéis entendido? —preguntó mientras cerraba el botiquín.

Otra vez todos en silencio mirándonos unos a otros. La cosa no era difícil de entender pero con don Alejandro nunca se sabía.

—Es fácil, ¿no? Os lo dije antes: si algún cuerpo extraño entra en tu cuerpo, tu cuerpo se defiende y trata de expulsarlo. ¿Está claro?

—Entonces... las inyecciones —irrumpió una de las chicas—, ¿no son algo extraño al cuerpo? ¿Por qué nos las ponen?

—¿Quién quiere contestar a Lucía? —Típica estrategia de cualquier profesor cuando se ve atrapado.

—¡Yo! —contestó otra chica desde atrás—. A mí me las ponen para darme vitaminas.

—¡Exacto! —asintió el profesor—. Y las vitaminas no son algo extraño al cuerpo sino todo lo contrario. ¿Lo veis? ¿Lo entiendes ya, Lucía?

Pero Lucía no estaba del todo en la onda.

—Ya. Pero... ¿y la aguja?

—Lucía, la aguja —le aclaró quitándose las gafas de nuevo—, no se queda dentro del cuerpo. Pero fíjate: si se partiera y se quedara dentro un trozo podría ocurrir que no fuera atacada por los glóbulos blancos.

—Pero... ¿por qué? —se extrañó Lucía—. Sería como la astilla de Juan pero clavada en el trasero. Ah... ya sé: en el trasero no hay glóbulos blancos, ¿es eso?

—No, Lucía, no. No es eso. La aguja es, en efecto, algo extraño al cuerpo pero podría pasar que el cuerpo no se diera cuenta de que está dentro.

—¿Cómo? —ahora se extrañó Juan—. Si duele de lo lindo.

—Pues claro: si duele, el cuerpo se entera. Pero... ¿y si no duele? ¿No habéis oído nunca hablar de que hay gente que tiene metralla dentro del cuerpo, o que tiene alguna placa de metal o algún tornillo en una pierna? La abuela de Rocío tiene una cadera de metal, ¿verdad, Rocío?

—¡Y camina muy deprisa! —exclamó ella muy alborozada.

—Ya lo veis —confirmó don Alejandro—, todos estos materiales debían ser extraños al cuerpo y sin embargo el cuerpo no los rechaza. ¿Quién sabría explicarlo?

Otra vez en guardia. Allí había truco. Seguro. Nadie abría la boca por lo que pudiera ocurrir. Se enfadaba mucho cuando contestábamos sin pensar y soltábamos la asnada del día.

—Venga: no es tan difícil —nos animaba, pero allí nadie se atrevía a improvisar—. Vamos a ver: ¿no habéis visto que las inyecciones de vitaminas no son malas para el cuerpo? A Raquel se las ponen y mirad qué sana está. ¿Qué es lo que hace que algo extraño al cuerpo entre y organice una batalla? —Nos miraba ya un tanto peligroso y se estaba poniendo en su punto—. ¡Venga, vamos, pensad un poco; que no duele tanto!

Pero allí nadie se animaba. La cosa podría derivar en la asnada del día y todos nos cuidábamos de tan preciado título. A la tercera asnada tenías que dar una conferencia ante la clase desarrollando correctamente la última que hubieras soltado y eso sí que daba trabajo. Algunos éramos expertos en dar conferencias.

—Está bien: veo que no queréis pensar. A ver si esto os sirve: el problema del elemento extraño es que tu cuerpo lo considere amigo o enemigo.

La cara que debimos poner fue suficiente para que intentara aportar otra pista.

—Pues es bien fácil: la astilla contiene microbios y la aguja no. Y no me digáis que no sabéis lo que son los microbios porque os pongo a todos un cero cum laude ahora mismo.

Raquel salió en defensa de la clase amenazada:

—Cuando hay microbios el cuerpo se defiende de ellos, y cuando no hay microbios, pues no hace falta. Y las vitaminas sirven para estar preparados para defendernos de los microbios, que están por todas partes. Si te faltan vitaminas los microbios pueden ganar y entonces…

—¿Entonces qué, Raquel? —le preguntó ante el silencio de la sabionda.

—Que te pones mala y es peor —aclaró ella sobrada de razón.

—¿Lo habéis entendido ahora, melo…? —«Melones», quiso decir «melones» pero se contuvo.

—Entonces —intervino Juan mirándose el dedo con algo de pánico—, el elemento extraño debe tener microbios para que sea enemigo. ¿Todos los microbios son malos?

—Buena pregunta, Juan, buena pregunta. Los microbios que habían entrado en tu dedo eran malos de verdad. Habéis visto la cantidad de soldados muertos que había al lado de la astilla. Pero has ganado la batalla y ya no hay microbios malos en tu cuerpo. No te preocupes. Pero, a ver… ¿hay microbios buenos y microbios malos? ¿Alguien sabría contestar?

Allí no hablaba nadie. La cosa se estaba complicando por momentos y veíamos microbios por todas partes. A mí me picaba el cuerpo entero y no quería rascarme para no darme por aludido.

—Vamos a ver: ¿qué es un microbio? —Parecía que estaba a punto de entrar en ebullición—. ¡Y no me digáis que un bichito muy pequeño! ¡Decidme algo más que eso!

Nada; aquella mañana estábamos sordos.

—Venga, pensad un poco… que no duele.

No dolía pero podía doler. Todos quietos.

—*Micro* significa «millonésima» y *bios* significa «vida». Seres vivos del tamaño de millonésimas, ¿de acuerdo, melo…? —Casi; casi lo dijo. A lo mejor, a la próxima.

—Pues eso —confirmó uno con alta capacidad de síntesis—, un bichito muy pequeño.

—De acuerdo —concedía validez al dictamen del sintético—, un bichito muy pequeño. Pero, ¿un bichito tan pequeño tiene que ser malo necesariamente? Venga, que conteste alguien.

Parecía que se le estaba acabando su infinita paciencia pero… allí había truco. Todos callados respetando la consigna.

—Pero, ¿qué os pasa? Que no se diga que esto tan fácil puede con vosotros. ¿Todos los microbios son malos? ¿Hay microbios buenos?

Silencio absoluto y yo sentía picores hasta en la sombra.

—¡Venga ya! ¡No me lo puedo creer! Os daré otra pista: ¿os acordáis de la aguja? —No era mala persona don Alejandro, pero cansino para aburrir—. ¿Una aguja es buena o mala?

—¡Depende! —contestamos a coro con la archirrepetida respuesta correcta ante la archirrepetida cuestión de la aguja.

Pues claro: depende del uso que hagamos de ella. Entonces… ¿qué decimos de los microbios?

—Pues que depende también —contestó un arriesgado que no debió pensárselo mucho.

—¿Cómo? —Saltó de su silla como si hubiera descubierto al jefe del melonar.

Avanzó hacia el pupitre del aparentemente ganador de la asnada del día y le miró fijamente a los ojos señalándole con el dedo:

—¿Quieres decir que podemos hacer diferentes usos de los microbios que entran en nuestro cuerpo? Explícamelo porque, que sepamos, en cuanto entran aparecen los anticuerpos y ya tenemos organizada la batalla. Hemos dicho que para que un elemento extraño sea atacado tiene que llevar microbios. ¿Nos acordamos o no nos acordamos? Veamos, Víctor: si hay microbios, hay guerra. ¿Quieres decir que podrían entrar microbios y no haber guerra? ¿Eso quieres decir?

La cosa estaba decidida: Víctor pasaría al libro de las grandes asnadas. Se había complicado del todo y no era yo solo el que se rascaba disimuladamente. Sentíamos a los microbios acosándonos de pies a cabeza y don Alejandro se dio cuenta. Se puso otra vez las gafas y comenzó a pasear lentamente entre los pupitres advirtiéndonos a unos y a otros.

—En ese lápiz que estáis chupando con tanto deleite, hay microbios; en esa mancha de barro que tienes tú en la rodilla, hay microbios; el balón de fútbol está lleno de microbios; en el aire que respiramos, hay microbios...

Ahora sí que no había duda: estábamos rodeados. Y, con las gafas puestas, aquel proceso a los microbios podría durar algo más de lo razonable.

—Vamos a ver: ¿nadie tiene una respuesta mejor que la que nos ha dado Víctor?

Y Víctor respiró hondo. Su respuesta no tenía suficiente calibre para llegar a ser asnada pero, tal y como se ponían las cosas, todo el mundo presentía que estaba a punto de hacer su aparición el agraciado ganador. Había que estarse callado y rogar al cielo para que no se fijara en ti. Me escapé de milagro. Creí que se dirigía a mí pero estaba mirando a Raquel, que se sentaba detrás.

—Raquel: dales a estos simples una demostración de lo que sabes. Piensa un poco. ¿Por qué te ponen vitaminas? ¿Por qué no se las ponen a los demás también?

—Pues... porque a mí me hacen falta y a los otros no. —Las mujeres, siempre tan redichas.

—Vamos, Raquel, si lo dijiste antes muy bien: si te faltan vitaminas...

—Me ganan los microbios, ¿es eso?

—¡Pues claro que es eso! Los microbios que estamos respirando ahora mismo están siendo atacados por nuestros ejércitos nada más entrar en nuestro cuerpo y están perdiendo la batalla. Nuestros soldados los están venciendo con facilidad porque están bien alimentados con vitaminas. Están preparados. Pero si nos faltan vitaminas nuestros ejércitos no son tan fuertes y perdemos. ¿Lo entendéis? A ver, Raquel: ¿de dónde podemos sacar vitaminas si no queremos que nos pongan inyecciones?

—De los alimentos; de la fruta, de la carne, del pescado, de…

—Y de las verduras. No lo olvidéis. Eso es. Perfecto. Las vitaminas están en los alimentos junto a otras cosas que también son necesarias como las proteínas y los minerales. El cuerpo extrae todo eso de lo que comemos para que crezcamos y no enfermemos. Pero… —Hizo una pausa pero no se quitó las gafas, con lo que mis esperanzas de que se estaba acabando la clase se fueron al garete— pero hay veces que necesitamos inyecciones y no de vitaminas, como Raquel. ¿Tú estás vacunada, Raquel?

—Sí, y varias veces —contestó ella sin darse importancia.

—¡Por supuesto! —insistía el cansino—. ¿Hay alguno al que nunca le hayan puesto una vacuna?

Nadie contestó, no fuera que le acusara de algo.

—¡Pues claro que no! —se contestó él mismo ante el silencio protector—. Y… ¿sabéis qué nos inyectan cuando nos vacunan?

—¡Vitaminas! —se adelantó uno muy suspicaz.

—¡Pues no! —se veía venir—. ¡Las vacunas no son vitaminas! ¿Alguien sabe qué son las vacunas?

Allí nadie sabía nada de vacunas ni de vacunos.

—Está bien. Cuando nos ponen una vacuna nos meten en el cuerpo microbios malos pero apaleados.

¡Madre mía! Si alguien hubiera contestado eso le habrían adjudicado la asnada del siglo, pensé en el momento. La cara que pusimos y las miradas que nos intercambiamos junto a los murmullos y alguna que otra risita le hicieron soltar una carcajada.

—¡Sí, demonios, sí! ¡No me he vuelto loco! Ahora lo entenderéis. Mirad: al entrar en el cuerpo un microbio por primera vez, el cuerpo no sabe cómo reaccionar y tarda algún tiempo en organizar la defensa. Este tiempo es muy importante porque si el enemigo es muy rápido llega pronto a todas partes, nos invade totalmente y es muy difícil vencerlo. A veces, imposible. Hay algunos microbios que ya sabemos cómo atacan y además sabemos dos cosas importantes sobre ellos: que están por todas partes y que si nos invaden son causantes de enfermedades muy peligrosas. ¿De acuerdo? Entonces lo que vamos a hacer es preparar un ejército especialmente entrenado para luchar contra ese microbio asesino. Y, ¿cómo lo hacemos? Pues lo he dicho antes aunque no os lo habéis creído: metemos en la jeringuilla microbios de esos peligrosos pero muy débiles y, en algunos casos, hasta muertos. Cuando entran en el cuerpo nuestras defensas los vencen con facilidad y piensan: «Menos mal que están pachuchos porque si estuvieran sanos tendríamos problemas para eliminarlos». Y entonces nuestro cuerpo prepara un ejército con soldados del mismo tamaño o mayores. Eso es lo que hace la vacuna: ayudar a nuestro cuerpo a organizarse para la batalla creando unos soldados especiales. A esos soldados especiales se les llama anticuerpos. ¿Os suena? Son anticuerpos preparados para luchar contra microbios conocidos. ¿Alguna pregunta? ¿Podemos seguir con la historia del microbio bueno y el microbio malo?

—Pero… —volvía Raquel a las andadas—, ¿no eran las vitaminas las que…?

—Claro que sí, Raquel. Las vitaminas sirven para vencer a muchos microbios pero hay otros que son más difíciles de vencer porque, o son muy peligrosos, o nos atacan cuando nuestras defensas no están totalmente preparadas, como cuando somos pequeños o cuando somos muy mayores y nuestras defensas están muy gastadas. ¿No veis cómo anuncian que los abuelos se vacunen todos los años de la gripe?

—Y también cuando hay una epidemia —volvía a intervenir Víctor.

—Eso es. La gripe es una epidemia. ¿Sabéis qué significa *epidemia*? Significa «sobre el pueblo». Algo que se extiende por toda la población, como la gripe y otras peores. Mirad: si apareciera ahora un microbio desconocido malo y peligroso que nos atacara, tendríamos que buscar rápidamente una vacuna y vacunarnos todos. ¿No hay más dudas? ¿Podemos seguir? Bueno, pues ahora, repaso.

Volvió al estrado y todos respiramos aliviados. Cuando decía «repaso» ya no hacía más preguntas y además era la señal de que la clase estaba acabando. Solo faltaba que se quitara las gafas.

—Si algo extraño entra en tu cuerpo será rechazado. ¿Estamos? Si el cuerpo no lo rechaza, el cuerpo sufrirá cambios y puede pasar de sano a enfermo y de vivo a muerto. ¿Estamos? Pues bien: cuando la cosa se pone fea y el microbio invasor está ganando todas las batallas y nuestras defensas están muriendo a miles y miles, y no hay tiempo para cargarnos de vitaminas, nos queda otra posibilidad, ¿sabéis cuál? Pensad un poco y veréis que es lógico. Necesitamos algo para acabar con la invasión que desde ahora llamaremos infección, y no es como en el caso de la astilla de Juan que sabíamos dónde estaba y la hemos podido sacar fácilmente con una pinza. Imaginaos que no sabemos dónde está la infección o que está por todas partes. ¿Qué podemos hacer? ¿Alguien tiene alguna idea? Os recuerdo que las vacunas se ponen antes de que nos ataquen y ahora no hay tiempo para vitaminas.

Creo que nunca experimentamos una sensación de terror como en aquellos momentos. Como ninguno daba una solución, continuó preguntándonos. La clase se alargaba peligrosamente.

—¿Nunca os han puesto penicilina?

—¡Sí; a mí me han puesto también! —Raquel es que era de buena familia.

—¡Y a mí también, una vez que tuve anginas! —aclaró otro de delante.

—¡Y a mí también! —confesó otro que también tuvo anginas.

—¡Muy bien, muy bien! —cortó la confesión pública de anginosos—. Y... ¿sabéis qué es la penicilina? La penicilina es un antibiótico. Y... ¿sabéis que quiere decir *antibiótico*? Supongo que todos habéis tomado nota antes de lo que significa *microbio*. ¿Qué quiere decir *antibiótico*? Antes dijimos que *bios* significa «vida. ¿Qué querrá decir entonces *anti-bios*?

—Pues... «anti-vida» —volvía la incansable Raquel.

—Exacto: «Anti-vida», «contrario a la vida», «que se opone a la vida». ¡Que mata! ¿Lo entendéis? ¡Que mata! —Me arrugué en el pupitre—. Los antibióticos... La penicilina es un antibiótico que mata. Lo metemos en nuestro cuerpo con la única misión de matar a los microbios invasores. Pero... es tan asesino que también mata a nuestro ejército. Es la única manera de acabar con la invasión: destruir a todos los ejércitos que se encuentre por el camino, sean del color que sean. Amigos o enemigos.

Volvió a sentarse en su mesa y miró nuestras caras de horror.

—¡Sí, hombre, sí! No me miréis así. Los antibióticos nos ayudan cuando estamos enfermos con alguna infección importante, pero son unos asesinos que no tienen piedad con nada que se encuentren vivo en su camino. Por eso no es bueno abusar de ellos. ¿Y sabéis por qué? Te curan pero te dejan sin las defensas naturales que el cuerpo necesita para cada segundo del día. Recordad que el aire está lleno de microbios y constantemente hay peligro de invasión y... ahora viene lo bueno: los antibióticos no pueden con todo.

La cosa se animaba. Cuando la gente se reacomoda es señal de que hay tema interesante y además había pronunciado las palabras mágicas: «Ahora viene lo bueno», que era la indicación de «pregunta de examen».

—Desgraciadamente para nosotros hay algunos microbios que nos atacan y no hay antibióticos que les puedan hacer frente. Bueno, pues ya es hora de que le demos un nombre a esos microbios que nos atacan y a los que resulta tan difícil vencer. Son los virus. Y producen enfermedades como la viruela, el tifus, el sarampión, la polio, las paperas y unas cuantas maldiciones más. Cuando entran en nuestro cuerpo se meten en nuestra células. ¿Recordáis lo que eran las células, verdad? Y comienzan a crecer y a multiplicarse y a soltar veneno por todas partes. De esta manera enfermamos y si no andamos listos hasta puede llegar a matarnos. Ahora es cuando entran en funcionamiento las vacunas, ¿de acuerdo? Esos virus son muy conocidos porque han matado a muchos hombres en otras épocas y nos hemos preocupado de combatirlos buscando las vacunas. Microbios debiluchos, ¿recordáis? Así que primero hay que descubrir al virus, después cogerlo, luego debilitarlo y más tarde inyectarlo en un cuerpo para que el cuerpo cree su ejército apropiado. Entonces tendríamos la vacuna y estaríamos salvados, ¿entendido? ¿Alguna pregunta?

Yo había apuntado muchas cosas en el cuaderno y estaba pensando en comentarlas con los demás para ver si lo había anotado bien. En todo aquel laberinto de nombres había preguntas de examen y yo tenía alguna duda. En ese momento don Alejandro dio por terminada la clase.

—Bien: basta por hoy de virus que nos invaden, vacunas, antibióticos y anticuerpos. Salid al recreo, que luego tenemos el examen de historia.

Realmente el examen de historia deberíamos haberlo tenido durante aquella hora sarnosa y ahora era cuando deberíamos tener ciencias naturales. Pero el profesor había cambiado el orden por alguna razón que pronto comprenderíamos. Efectivamente, cuando volvimos del recreo nos encontramos en cada pupitre, como era costumbre, una hoja en blanco puesta del revés en la que estaban las preguntas del examen. Sabíamos que no podíamos darle la vuelta hasta que no diera la orden. Fuimos sentándonos en nuestro sitio con los nervios a flor de piel y cuando al fin se sentó en su mesa, miró el reloj y dijo:

—El examen durará una hora. Hay una sola pregunta. Podéis usar el libro. Dadle la vuelta a la hoja y no quiero oír una mosca.

Había una sola pregunta y nunca olvidaremos la clase en la que corregimos aquel examen. Fue la primera vez que vimos saltársele las lágrimas al profesor. La pregunta era: «¿Fue Napoleón un virus o un antibiótico?».

Fue una clase muy interesante. Sobre todo cuando nos explicó la naturaleza del anticuerpo VLC (¡vivan las *caenas*!). Lo dicho, muy interesante. Quizás algún día lo cuente.